DER ADLER IN MIR

I0841483

„Der beste Patriotismus ist nichts anderes als klare Einsicht in die starken und schwachen Seiten seiner Nation". Heinrich von Sybel

Deniz Karabag

DENIZ

KARABAG

Vorwort

Sehr geehrte Leserinnen und Leser,

es erfüllt mich mit aufrichtiger Begeisterung und Stolz,
euch mein neues Buch ***"Der Adler in mir"*** zu
präsentieren. In meinen Adern fließt das Blut zweier
Kulturen, die unterschiedlicher nicht sein könnten, aber
dennoch untrennbar miteinander verbunden sind. Als
Deutscher mit türkischem Migrationshintergrund trage
ich beide Herzen in mir. Diese einzigartige Erfahrung hat
mich zu einem deutschen Patrioten geformt, der mit einer
tiefen Verwurzelung in der Vielfalt und dem Reichtum
unserer Nation eine neue Perspektive auf das Land, das
ich mein Zuhause nenne, gewonnen hat.

Als ehemaliger Fallschirmjäger habe ich mit Stolz und
Hingabe dem deutschen Vaterland gedient. In den harten
Trainingseinheiten und in den Einsatzgebieten fernab
meiner Heimat habe ich erfahren, was es heißt,
Verantwortung für die Freiheit und Sicherheit unserer
Gesellschaft zu tragen. Diese Erfahrungen haben meine
Verbundenheit zu Deutschland weiter gestärkt und
meinen Patriotismus geprägt.

Doch es ist die Kombination meiner türkischen Wurzeln
mit meiner deutschen Identität, die meine Sichtweise auf
das Land und seine Werte geformt hat. Diese
Doppelperspektive hat mir eine Weitsicht geschenkt, die
es mir ermöglicht, über Grenzen und Vorurteile
hinwegzusehen. Ich verstehe die Bedeutung von
kultureller Vielfalt und die Kraft des interkulturellen
Austauschs. Indem ich beide Welten in mir vereine, habe

ich die Fähigkeit entwickelt, Brücken zwischen den Kulturen zu bauen und eine Verbindung herzustellen, die uns als Gesellschaft stärkt.

Meine patriotische Hingabe und mein Blick für das große Ganze haben mich dazu inspiriert, dieses Buch zu schreiben. Es ist ein Aufruf zur Reflexion und zur Erkenntnis, dass wir als Nation nur dann wachsen und florieren können, wenn wir die Unterschiede in unserer Gesellschaft schätzen und als Bereicherung annehmen. Es geht darum, diejenigen, die wie ich in beiden Kulturen verwurzelt sind, zu ermutigen, ihre Einzigartigkeit zu umarmen und ihre Stimmen zu erheben. Gemeinsam können wir ein Deutschland aufbauen, das auf gegenseitigem Respekt und echtem Verständnis basiert, zeitgleich auch die deutsche, nationale Identität im Fokus behält.

Dieses Buch ist ein Versuch, die Grenzen der Vorstellungskraft zu erweitern und die Möglichkeit einer neuen Identität zu erkunden. Ich möchte die Menschen dazu ermutigen, über ihre eigenen Grenzen hinauszugehen. In den folgenden Kapiteln lade ich dich ein, mit mir auf eine Reise zu gehen. Eine Reise, die geprägt ist von persönlichen Erlebnissen, inspirierenden Begegnungen und einer Vision für ein starkes und selbstbewusstes Deutschland. Inmitten der Worte und Geschichten, die diese Seiten bevölkern, offenbart sich eine tiefe Liebe zu meiner Heimat und ein unerschütterlicher Patriotismus. Doch lass mich dir versichern, dass dieser Patriotismus frei von jeglichen nationalistischen Tendenzen ist. In einer Zeit, in der extreme Ideologien ihre Schatten werfen, möchte ich deutlich machen, dass dieses Buch eine scharfe Kritik an Faschismus, Rassismus und Nationalismus beinhaltet.

Es ist mir ein Anliegen, dass rechtsradikale Populisten dieses Buch keineswegs erwerben respektive als ideologisches Instrument für sich nutzen. Denn *"Der Adler in mir"* stellt eine unerbittliche Abrechnung mit den dunklen Facetten der Geschichte dar, die von Hass und Ausgrenzung durchtränkt sind. Meine Worte sollen kein Nährboden für solche Ideologien bieten, sondern vielmehr denjenigen eine Stimme geben, die nach Verständigung und Zusammenhalt streben. Es erfüllt mich mit Stolz, ein Bürger der Bundesrepublik Deutschland zu sein, einer Nation, die auf dem Fundament der Freiheit, Toleranz und Vielfalt ruht. Doch bedauerlicherweise stoßen wir immer wieder auf jene, die unserem Land das Existenzrecht absprechen.

Als stolzer Patriot ist es mir ein zentrales Anliegen, mit diesem Buch den Menschen vor Augen zu führen, wie eine gelungene Integration funktionieren kann und wie sie zur Bereicherung unseres Landes beitragen kann. Dabei ist es von größter Bedeutung, dass die kulturellen und nationalen „*deutschen Werte*" stets im Vordergrund stehen. "Der Adler in mir" erzählt von Begegnungen, von Erfahrungen und Erfolgen, die nur durch gegenseitiges Verständnis und Respekt ermöglicht wurden. Es ist eine Hommage an diejenigen, die sich mit ihrer Herkunft identifizieren, während sie gleichzeitig ein Teil der deutschen Gesellschaft werden. Es ist von herausragender Bedeutung, dass sich Menschen in Deutschland erfolgreich in die Gesellschaft integrieren. Es geht dabei nicht um Assimilation oder das Aufgeben der eigenen Identität, sondern um eine gelungene Integration, die den Austausch von Kulturen und das Zusammenwachsen verschiedener Hintergründe ermöglicht. In dieser Synthese von Traditionen und Werten liegt eine große Chance für eine dynamische und vielfältige Gesellschaft, in der sich alle Mitglieder gleichermaßen einbringen können. Indem wir uns bemühen, uns gegenseitig zu verstehen und zu respektieren, können wir die Basis für ein harmonisches Zusammenleben schaffen, das von Offenheit, Toleranz und gegenseitiger Bereicherung geprägt ist.

Mit diesem Buch möchte ich Brücken bauen und Mauern einreißen, indem ich die Vielfalt unserer Gesellschaft feiere und die Barrieren des Misstrauens überwinde. Es ist an der Zeit, gemeinsam Wege zu finden, um Vorurteile abzubauen und eine Gesellschaft zu formen, die auf Zusammenhalt und Chancengleichheit basiert. Tauche ein in die facettenreiche Welt des Patriotismus und entdecken die reichen Schätze, die sie mit sich bringt. Lass uns gemeinsam die Weisheit erkennen und das Fundament für eine bessere Zukunft legen.

Mit meinem aufrichtigen Streben nach Verständigung und Einheit unter dem Banner der Bundesrepublik Deutschland!

Inhaltsverzeichnis:

Kapitel 1: Einleitung

Patriotismus – ein Gefühl der Liebe und Verbundenheit zu einem Land, seiner Geschichte und seinen Menschen. In Deutschland jedoch hat dieses Gefühl in der Nachkriegszeit eine besonders komplexe und ambivalente Dimension angenommen. Nach den Schrecken des Zweiten Weltkriegs wurde ein Prozess der **"Pazifizierung"** eingeleitet, um eine Wiederholung der Gräueltaten der Nazizeit zu verhindern. Dieser Prozess hat dazu geführt, dass viele Deutsche das Gefühl hatten, Patriotismus verloren zu haben oder es gar bewusst vermieden, aus der Angst heraus, dass dieses Gefühl in extremen Nationalismus oder gar Faschismus umschlagen könnte.

In jüngster Zeit haben wir jedoch eine beunruhigende Tendenz beobachtet: Rechte Parteien und Bewegungen versuchen, das Vakuum zu füllen, das durch den verlorenen Patriotismus entstanden ist. Diese Gruppen nutzen die natürliche Sehnsucht der Menschen nach einer nationalen Identität aus und kleiden ihre extremistischen Ansichten in das Gewand des Patriotismus - wie der Wolf im Schafspelz. Sie versuchen, exklusive und oft rassistische Ansichten salonfähig zu machen, indem sie diese als "patriotische" Haltungen verkaufen. In diesem Kontext entsteht die Notwendigkeit einer politischen Kraft, die die Lücke zwischen den sogenannten Altparteien und den radikalen Rechten füllen kann. Eine Partei, die ein gesundes und inklusives Verständnis von Patriotismus fördert. Eine Partei, die das Beste aus unserem Erbe hervorhebt, ohne dabei in übermäßigen Nationalismus oder Rassismus abzugleiten.

Es ist an der Zeit, dass wir den Patriotismus in Deutschland neu definieren und wiederentdecken - als ein Gefühl der Verbundenheit und der Verantwortung gegenüber unserem Land und unseren Mitbürgern. Ein Patriotismus, der die Vielfalt und Offenheit unseres Landes feiert und uns gleichzeitig dazu ermutigt, für seine Werte und Ideale einzustehen. Ein Patriotismus, der uns vor der Wiederkehr der dunklen Zeiten des Faschismus schützt und uns gleichzeitig vor der Gefahr bewahrt, zu einem bloßen Vasallenstaat unter der Führung anderer Mächte zu werden. Dies ist eine Einladung, mit mir auf diese Reise zu kommen, um den *"Adler in uns"* zu entdecken und zu feiern, und dabei Deutschland als das zu erkennen, was es ist: *Ein Land voller Stärke, Vielfalt und unglaublichem Potenzial.* Es ist an der Zeit, unser Land mit all seinen Facetten zu lieben und zu schätzen und dabei das Beste aus unserer Geschichte und unseren künftigen Möglichkeiten zu machen. In den Jahren nach dem Zweiten Weltkrieg hat der Pazifismus zweifelsohne einen starken Einfluss auf die deutsche Gesellschaft ausgeübt. Die Gräueltaten und das unermessliche Leid, das von Deutschland während des Krieges verursacht wurde, führten zu einer tiefgreifenden Veränderung der Wahrnehmung von Gewalt und Konflikten. Die Aversion gegen Krieg und die Übernahme pazifistischer Prinzipien prägten eine neue Denkweise, die die deutsche Gesellschaft nachhaltig beeinflusste.

Die Verbrechen des nationalsozialistischen Regimes während des Zweiten Weltkriegs sind untrennbar mit der deutschen Geschichte verbunden. Die systematische Ermordung von Millionen Menschen, darunter Juden, Sinti und Roma, Homosexuelle und politische Dissidenten, sowie die Verfolgung und Zwangsarbeit zahlreicher Menschen, waren Ausdruck einer ideologischen Verblendung und eines rassistischen Wahngebildes.

Einblick:

Die systematische Ermordung von Millionen Menschen während des nationalsozialistischen Regimes unter Nazi-Deutschland ist eine der dunkelsten Epochen der Geschichte. Die Verbrechen wurden mit einer beispiellosen Brutalität und Effizienz begangen. Im Folgenden findest Du einige zahlenbasierte Informationen zu diesem Thema:

1. Holocaust:

Schätzungsweise sechs Millionen Juden wurden während des Holocaust ermordet. Etwa 220.000 Sinti und Roma wurden Opfer des Völkermords. Weitere Gruppen, darunter Homosexuelle, Menschen mit Behinderungen, politische Dissidenten und sowjetische Kriegsgefangene, wurden ebenfalls verfolgt und ermordet.

2. Konzentrationslager:
- Rund 20.000 Konzentrationslager und Vernichtungslager wurden von den Nazis betrieben.

Auschwitz-Birkenau, das größte Vernichtungslager, war für den Tod von etwa 1,1 Millionen Menschen verantwortlich, hauptsächlich Juden.

3. Euthanasieprogramm:

Das nationalsozialistische Euthanasieprogramm, bekannt als Aktion T4, wurde von 1939 bis 1941 durchgeführt.

Etwa 200.000 Menschen mit geistiger oder körperlicher Behinderung wurden ermordet, um die nationalsozialistische Ideologie der "Rassenhygiene" umzusetzen.

4. Einsatzgruppen und Massenerschießungen:

Einsatzgruppen der SS führten Massenerschießungen von Juden, Kommunisten, Intellektuellen und anderen als Feinde des Regimes angesehenen Personen durch. In den Jahren 1941 und 1942 wurden allein in der Sowjetunion schätzungsweise 1,5 Millionen Menschen von den Einsatzgruppen ermordet. Diese Zahlen und Fakten sind lediglich ein Ausschnitt aus den grausamen Verbrechen des nationalsozialistischen Regimes. Es ist wichtig, sich der enormen Tragödie bewusst zu sein, die diese Zahlen repräsentieren. Sie sollen als Mahnung dienen, dass solche Verbrechen niemals wieder geschehen dürfen und dass wir uns dafür einsetzen müssen, dass sich eine solche Ideologie niemals wieder ausbreiten kann. Diese Kriegsverbrechen haben nicht nur den Ruf Deutschlands schwer beschädigt, sondern auch einen tiefen Einschnitt in die nationale Identität der Deutschen bewirkt. Die damit einhergehende Scham und das Bedürfnis, die eigenen Verbrechen zu begreifen und aufzuarbeiten, hatten weitreichende Auswirkungen auf die Gesellschaft. Infolgedessen entwickelte sich eine breite pazifistische Bewegung, die eine grundlegende Ablehnung jeglicher Form von Gewalt und Krieg zum Ausdruck brachte. Der Pazifismus in Deutschland fand seinen Niederschlag nicht nur in politischen und gesellschaftlichen Diskussionen, sondern auch in der politischen Ausrichtung des Landes. Die deutsche Verfassung von 1949, das Grundgesetz, verankerte den Frieden als oberstes Gebot und legte fest, dass Deutschland keine Angriffskriege führen darf. Ein prominentes Beispiel für die Auswirkungen des Pazifismus auf die deutsche Gesellschaft ist die Ablehnung militärischer Einsätze und Auslandseinsätze der Bundeswehr. Der Grundsatz der Gewaltfreiheit und des friedlichen Dialogs wurde zu einem integralen Bestandteil der deutschen Außenpolitik. Der Widerstand gegen den Irakkrieg im Jahr 2003 und die Diskussionen über die Beteiligung Deutschlands an internationalen Militäreinsätzen sind nur einige Beispiele für die pazifistische Haltung, die in der deutschen Gesellschaft nach dem Zweiten Weltkrieg vorherrschte. Allerdings ist es wichtig zu betonen, dass der Einfluss des Pazifismus nicht zwangsläufig dazu geführt hat, dass der Patriotismus vertrieben wurde oder dass die nationale Identität der Deutschen gestohlen wurde. Vielmehr hat der Pazifismus die Art und Weise geprägt, wie die deutsche Gesellschaft ihre nationale Identität betrachtet und ausdrückt. Die Auseinandersetzung mit der Vergangenheit und die Verpflichtung, aus den Fehlern der Geschichte zu lernen, haben zu einem verantwortungsbewussten Patriotismus geführt, der auf

Toleranz, Menschenrechten und internationaler Zusammenarbeit basiert.

Kapitel 2: Der Begriff „Patriotismus"

Der Patriotismus ist ein starkes, emotionales Band, das ein Individuum mit seinem Heimatland verbindet. Es ist eine Zuneigung und eine Bindung, die über die rein formale Staatsbürgerschaft hinausgeht und einen wesentlichen Teil unserer Identität ausmacht. Aber was genau bedeutet Patriotismus? Wie definiert man eine solche komplexe und vielschichtige Emotion? Im Grunde genommen ist Patriotismus eine Liebe zu seinem Land. Dies kann sich in vielen Formen manifestieren: In der Wertschätzung seiner natürlichen Schönheiten, in der Anerkennung seiner Geschichte und Kultur, in der Identifikation mit seinen Werten und Prinzipien, oder einfach in dem Gefühl der Zugehörigkeit und Sicherheit, das es einem vermittelt. Es ist ein Gefühl der Zufriedenheit und des Stolzes auf das, was das Land im Laufe der Geschichte erreicht hat, und der Entschlossenheit, dazu beizutragen, dass es sich weiter verbessert. Patriotismus beinhaltet auch eine gewisse Verantwortung gegenüber dem Land und seinen Bürgern. Es bedeutet, sich aktiv für das Wohl des Landes und seiner Menschen einzusetzen, sei es durch ehrenamtliches Engagement, politische Beteiligung oder einfach durch ein respektvolles und ethisches Verhalten. Patriotismus heißt auch, die demokratischen Prinzipien und die Rechtsstaatlichkeit zu verteidigen, die die Grundpfeiler unserer Gesellschaft bilden. Es ist wichtig zu betonen, dass Patriotismus nicht exklusiv oder rassistisch sein sollte. Ein wahrer Patriot erkennt und schätzt die Vielfalt und Pluralität seines Landes. Er versteht, dass Menschen unterschiedlicher Herkunft, Kultur und Überzeugung gleichermaßen zur Stärke und zum Reichtum seines Landes beitragen **können**. Er betrachtet diese Vielfalt nicht als Bedrohung, sondern als Bereicherung. In Deutschland hat der Begriff des Patriotismus eine besondere Bedeutung, geprägt durch seine spezielle Geschichte und Kultur.

Uns ist der Patriotismus die aufrichtige Liebe und Tatkraft für alles, was dem Vaterland frommt".

Johannes von Geissel (1796 - 1864), deutscher Kardinal, Bischof von Speyer und Erzbischof von Köln

Ziel ist es, ein klareres und tieferes Verständnis des deutschen Patriotismus zu erlangen und einen Weg zu finden, ihn in einer Weise auszudrücken und zu leben, die die Werte von Offenheit, Toleranz, Solidarität und Demokratie stärkt und fördert. Denn nur ein inklusiver und progressiver Patriotismus kann dazu beitragen, eine starke, vereinte und gerechte Gesellschaft zu schaffen, auf die wir alle stolz sein können. Die Entwicklung des deutschen Patriotismus im Laufe der Jahrhunderte ist von historischen Ereignissen, politischen Umbrüchen und sozialen Veränderungen geprägt. Es ist wichtig zu beachten, dass der deutsche Patriotismus vielfältig ist und von unterschiedlichen Perspektiven und Erfahrungen geprägt wird.

Historisch gesehen war der deutsche Patriotismus stark mit dem Aufkommen des deutschen Nationalstaats im 19. Jahrhundert verbunden. Die Entstehung des Deutschen Kaiserreichs und später der Weimarer Republik führte zu einem gesteigerten Nationalbewusstsein und einer Verbundenheit mit dem deutschen Land und seiner Kultur. In dieser Zeit spielten kulturelle Symbole wie die deutsche Sprache, Literatur und Musik eine bedeutende Rolle bei der Formung des deutschen Patriotismus. Nach den traumatischen Erfahrungen des Ersten und Zweiten Weltkriegs entwickelte sich ein kritischerer Blick auf den deutschen Patriotismus. Die Verbrechen des nationalsozialistischen Regimes führten zu einer tiefen Auseinandersetzung mit der nationalen Identität und einer Abkehr von einem übersteigerten Nationalismus.

In der Nachkriegszeit lag der Fokus auf dem Wiederaufbau, der Versöhnung und der Integration Deutschlands in eine europäische Gemeinschaft. Heute manifestiert sich der deutsche Patriotismus in vielfältiger Weise. Viele Menschen fühlen sich mit den demokratischen Werten, der reichen Kultur und der Geschichte Deutschlands verbunden. Der moderne deutsche Patriotismus betont oft die Verantwortung für Frieden, Toleranz, soziale Gerechtigkeit und den Schutz der Menschenrechte. Es geht weniger um eine übersteigerte nationale Identität, sondern vielmehr um ein

positives Bekenntnis zu den Errungenschaften und
Werten der deutschen Gesellschaft. Die zukünftige
Gestaltung des deutschen Patriotismus liegt in der
Förderung eines inklusiven und offenen Diskurses.

Die Förderung von interkulturellem Dialog, Integration
und einem breiten Verständnis der deutschen Identität
kann dazu beitragen, einen Patriotismus zu gestalten, der
auf gegenseitigem Respekt und einem gemeinsamen
Bekenntnis zu demokratischen Werten basiert. Zudem
kann der zukünftige deutsche Patriotismus durch eine
verstärkte internationale Zusammenarbeit geprägt
werden. Angesichts globaler Herausforderungen wie
Klimawandel, Migration und wirtschaftlicher
Interdependenz ist eine gemeinsame europäische Identität
und ein transnationaler Patriotismus von Bedeutung,
jedoch im Einklang mit den nationalen deutschen Werten
und Normen. Letztendlich ist es entscheidend, den
deutschen Patriotismus als einen konstruktiven Beitrag
zur Gesellschaft zu gestalten, der zu einer pluralistischen
und inklusiven Gemeinschaft beiträgt und die Werte von
*Freiheit, Demokratie und sozialer Gerechtigkeit in den
Vordergrund stellt.*

Kapitel 3: Patriotismus versus Nationalismus: Ein Balanceakt

Patriotismus und Nationalismus sind zwei Begriffe, die oft verwechselt oder synonym verwendet werden. Doch obwohl sie ähnliche Konzepte darstellen, haben sie unterschiedliche Konnotationen und Implikationen. Das Verständnis der Unterschiede zwischen beiden ist wesentlich, um ein gesundes Gefühl der nationalen Identität zu fördern und die negativen Auswirkungen des extremen Nationalismus zu vermeiden.

„Der beste Patriotismus ist nichts anderes als klare Einsicht in die starken und schwachen Seiten seiner Nation“.

Heinrich von Sybel (1817 - 1895), deutscher Historiker

Patriotismus, wie wir ihn bisher definiert haben, ist eine positive Bindung an das eigene Land. Es ist die Liebe zu seiner Heimat, die Wertschätzung seiner Kultur und Geschichte und das Engagement für seine Mitbürger und seine Werte. Ein Patriot ist stolz auf sein Land, erkennt aber gleichzeitig seine Fehler und Schwächen an und strebt danach, sie zu verbessern.

Auf der anderen Seite steht der **Nationalismus**. Nationalismus betont die Überlegenheit einer Nation gegenüber anderen und kann daher oft exklusiv und intolerant sein. Ein Nationalist sieht sein Land nicht nur als anders, sondern als besser an und neigt dazu, seine Fehler zu ignorieren oder zu leugnen. Dies kann zu Konflikten, Diskriminierung und sogar zu Gewalt führen. In Deutschland ist die Unterscheidung zwischen Patriotismus und Nationalismus besonders heikel, da sie eng mit der nationalsozialistischen Vergangenheit des Landes verbunden ist. Der extreme Nationalismus, der während der NS-Zeit vorherrschte, hat dazu geführt, dass viele Deutsche jegliche Form des Nationalstolzes mit Misstrauen betrachten. Dennoch ist es möglich und sogar notwendig, einen gesunden und inklusiven Patriotismus zu fördern. Ein Patriotismus, der auf den Werten von *Respekt, Toleranz und Solidarität* basiert. Ein Patriotismus, der die Vielfalt und Pluralität unserer Gesellschaft anerkennt und fördert. Ein Patriotismus, der die Vergangenheit nicht leugnet, sondern aus ihr lernt, um eine bessere Zukunft zu gestalten.

Um diesen Balanceakt zu erreichen, müssen wir stets wachsam sein gegenüber den Tendenzen des extremen Nationalismus. Wir müssen gegen Diskriminierung und Intoleranz ankämpfen und die Werte der Demokratie und der Menschenrechte verteidigen. Gleichzeitig müssen wir Wege finden, um unser Land zu lieben und zu schätzen, ohne dabei in chauvinistischen Übertreibungen zu verfallen.

Patriotismus: Eine liebende Kritik

Patriotismus ist die Haltung, in der man sein Land liebt und sich ihm verbunden fühlt, jedoch immer auch kritisch hinterfragt. Ein Patriot versteht, dass kein Land perfekt ist und dass es immer Bereiche gibt, in denen Verbesserungen erreicht werden können. Patriotismus bedeutet daher auch, die notwendigen Maßnahmen zu ergreifen, um diese Verbesserungen umzusetzen und sein Land besser zu machen. Es handelt sich um eine Form der Liebe, die die Fehler und Schwächen erkennt und trotzdem daran arbeitet, sie zu überwinden. Patriotismus kann auch eine Quelle der Inspiration und Motivation sein, um positive Veränderungen herbeizuführen.

Nationalismus: Ein ungesunder Stolz

Im Gegensatz dazu kann Nationalismus eine übertriebene und exklusive Form von Patriotismus sein, die oft in ein Gefühl der Überlegenheit über andere Nationen umschlägt. Nationalismus führt oft zu einer idealisierten und verklärten Sicht auf das eigene Land, die keinerlei Kritik zulässt. Dies kann dazu führen, dass Nationalisten andere Länder und Kulturen abwerten oder gar diskriminieren, um die vermeintliche Überlegenheit ihres eigenen Landes hervorzuheben. Nationalismus kann daher zu Konflikten, Fremdenfeindlichkeit und Intoleranz führen und ist oft mit autoritären und aggressiven politischen Strömungen verbunden.

Der Balanceakt: Ein gesunder Patriotismus

Die Herausforderung besteht darin, einen gesunden
Patriotismus zu fördern, der sich positiv auf das soziale
und politische Klima in einem Land auswirkt. Ein solcher
Patriotismus würde den Bürgern ermöglichen, stolz auf
ihr Land zu sein, ohne dabei anderen Nationen gegenüber
abwertend oder aggressiv zu sein. Es wäre ein
Patriotismus, der das eigene Land und seine Leistungen
wertschätzt, aber auch bereit ist, seine Fehler und Mängel
anzuerkennen und zu verbessern. Es wäre ein inklusiver
Patriotismus, der alle Bürger unabhängig von ihrer
Herkunft, ihrer Kultur oder ihrer Religion einbezieht.

Um dies zu erreichen, ist es wichtig, Bildung und
Aufklärung zu fördern und einen offenen und
respektvollen Dialog über nationale Identität und
Patriotismus zu führen. Es ist auch wichtig, gegen
Diskriminierung und Hassreden vorzugehen und die
Werte der Demokratie und der Menschenrechte zu
verteidigen. Nur so kann ein gesunder Patriotismus
gedeihen, der zur Stärkung der nationalen Einheit und zur
Förderung von Frieden und Verständigung beiträgt.

Kapitel 4: Pazifismus nach dem II. Weltkrieg und die Trennung von Patriotismus

Nach dem Ende des Zweiten Weltkriegs stand Deutschland vor der Herausforderung, die dunkle Vergangenheit des Nationalsozialismus zu bewältigen und einen Weg in die Zukunft zu finden. In diesem Prozess spielte der Pazifismus eine zentrale Rolle. Angesichts der Gräueltaten, die im Namen des deutschen Nationalismus begangen wurden, schlug die Gesellschaft eine andere Richtung ein, weg von jeglicher Form des aggressiven Nationalstolzes und hin zu einer Kultur der Friedfertigkeit und der internationalen Zusammenarbeit.

In diesem Kontext wurde der Begriff des Patriotismus mit Vorsicht behandelt. Die Deutschen hatten gesehen, wohin ein extrem ausgeprägter Nationalstolz führen konnte, und viele verbanden Patriotismus mit der dunklen Geschichte des Nationalsozialismus. Dies führte zu einer tiefgreifenden Zurückhaltung gegenüber allem, was mit Nationalstolz zu tun hatte. Es entstand eine kulturelle und emotionale Kluft, die das Konzept des Patriotismus in der deutschen Gesellschaft lange Zeit belastete. Tatsächlich ist es möglich, gleichzeitig ein Patriot und ein Pazifist zu sein. Man kann sein Land lieben und gleichzeitig den Frieden und die internationale Zusammenarbeit fördern. Man kann stolz auf die Errungenschaften seiner Nation sein und gleichzeitig ihre Fehler und Schwächen erkennen und sich bemühen, sie zu verbessern.

Man kann sich mit seiner nationalen Identität identifizieren und gleichzeitig die Vielfalt und den Pluralismus wertschätzen. Es ist daher eine dringende Aufgabe, das Verständnis von Patriotismus in der deutschen Gesellschaft neu zu definieren und zu stärken. Es ist an der Zeit, die kulturelle und emotionale Kluft zu überwinden, die den Patriotismus von der deutschen Identität getrennt hat, und eine neue Form des Patriotismus zu fördern, die auf den Werten von Frieden, Toleranz und Solidarität basiert. Ein Patriotismus, der die Vergangenheit nicht leugnet, sondern aus ihr lernt, um eine bessere Zukunft zu gestalten.

Die Verbrechen des nationalsozialistischen Regimes und die Schrecken des Krieges führten zu einer breiten Ablehnung von Militarismus, nationalistischem Überlegenheitsdenken und aggressivem Patriotismus. Die Aufarbeitung der Vergangenheit und die Verpflichtung, aus den Fehlern zu lernen, beeinflussten die politischen, sozialen und kulturellen Diskurse in Deutschland nachhaltig. Es entstand ein starker Fokus auf den Aufbau einer neuen, demokratischen Identität, die auf den Prinzipien der Toleranz, des Friedens und der Achtung der Menschenrechte basierte. Der Pazifismus wurde in den Schulen als wichtiger Teil des Bildungssystems vermittelt. Der Lehrplan legte einen großen Wert auf die Vermittlung von Frieden, Gewaltfreiheit und internationaler Zusammenarbeit. Der Fokus lag darauf, den Schülern die verheerenden Auswirkungen von Kriegen und Konflikten vor Augen zu führen und ihnen die Bedeutung des Dialogs, der Diplomatie und der Konfliktlösung nahezubringen. Der Pazifismus wurde als ein Gegenentwurf zu den nationalistischen Ideologien des Nationalsozialismus und als Mittel zur Verhinderung eines erneuten Abdriftens in aggressive Kriegsführung betrachtet.

Es ist wichtig anzumerken, dass die Abkehr vom Patriotismus nicht bedeutet, dass eine negative Haltung gegenüber der deutschen Identität oder der Wertschätzung des eigenen Landes besteht. Vielmehr war es ein bewusster Schritt, die Verbindung zwischen Patriotismus und den Verbrechen der Vergangenheit zu durchbrechen und eine neue Form des Patriotismus zu gestalten, die auf Demokratie, Menschenrechten und internationaler Zusammenarbeit basiert. In der Nachkriegszeit wurde der Fokus auf den Aufbau einer europäischen Identität gelegt, die die nationalen Identitäten ergänzt und integriert. Die Gründung der Europäischen Union und die betont supranationale Ausrichtung dienten als Rahmen für eine neue Form des Patriotismus, die über nationale Grenzen hinausgeht und die Werte des Friedens, des Zusammenhalts und des Wohlstands betont.

Kapitel 5: Patriotismus als Integrationswerkzeug

Patriotismus kann ein effektives Werkzeug für die Integration sein, wenn er auf den richtigen Prinzipien und Werten basiert. Die Idee ist es, durch den Patriotismus ein Gefühl der Zugehörigkeit und Einheit unter den Bürgern zu fördern, *unabhängig von ihrer Herkunft, Kultur, Religion oder sozialem Hintergrund.* Aber wie kann das erreicht werden? Wie kann Patriotismus als Werkzeug zur Förderung der Integration verwendet werden? Dieses Kapitel wird diese Fragen in drei Hauptteilen erörtern: Bildung, Gemeinschaft und Anerkennung.

Bildung:

Bildung spielt eine entscheidende Rolle, wenn es darum geht, den Patriotismus als Werkzeug für die Integration zu nutzen. Ein guter Anfangspunkt könnte der Unterricht über die deutsche Geschichte, Kultur und Werte sein. Dies würde allen Bürgern, unabhängig von ihrem Hintergrund, ermöglichen, die nationale Identität Deutschlands und das, was es bedeutet, ein Deutscher zu sein, besser zu verstehen. Dabei sollte der Fokus nicht nur auf den positiven Aspekten liegen, sondern auch auf den dunklen Kapiteln der deutschen Geschichte, um ein ausgewogenes und ehrliches Bild zu vermitteln.

Die schulische Bildung spielt eine wesentliche Rolle bei der Förderung eines gesunden Patriotismus und einer umfassenden allgemeinen Bildung. Hier sind einige Ansätze, wie dies in der schulischen Bildung umgesetzt werden kann:

Wertebildung: Die schulische Bildung sollte darauf abzielen, grundlegende Werte wie Demokratie, Menschenrechte, Toleranz, Gleichberechtigung und Respekt zu vermitteln. Durch den Unterricht in Fächern wie Ethik, Sozialkunde oder Geschichte können Schülerinnen und Schüler ein Verständnis für die Bedeutung dieser Werte entwickeln und lernen, wie sie diese in ihrem eigenen Leben und in der Gemeinschaft umsetzen können.

Geschichtsunterricht: Ein gründlicher Geschichtsunterricht ermöglicht den Schülern, die Vergangenheit ihres Landes zu verstehen, inklusive der Errungenschaften und Fehler. Der Geschichtsunterricht sollte eine ausgewogene Perspektive bieten, die Schülerinnen und Schülern hilft, die historischen Zusammenhänge zu erfassen, die zur Entwicklung ihrer Nation geführt haben. Dabei ist es wichtig, sowohl die positiven Aspekte als auch die dunklen Kapitel kritisch zu betrachten und aus ihnen zu lernen.

Kulturelle Bildung: Die schulische Bildung sollte die kulturelle Vielfalt innerhalb der Gesellschaft anerkennen und wertschätzen. Dies kann durch den Unterricht in den Bereichen Literatur, Kunst, Musik und Theater erfolgen. Schülerinnen und Schüler sollten die Gelegenheit haben, verschiedene kulturelle Ausdrucksformen kennenzulernen und zu verstehen, wie sie zur nationalen Identität beitragen.

<u>Medienkompetenz:</u> Im Zeitalter der Digitalisierung ist es entscheidend, den Schülern Medienkompetenz zu vermitteln. Sie sollten lernen, Informationen kritisch zu hinterfragen, Falschinformationen zu erkennen und die verschiedenen Perspektiven in den Medien zu verstehen. Dies ermöglicht ihnen eine fundierte Meinungsbildung und trägt zu einem informierten und reflektierten Patriotismus bei.

<u>Dialog und Diskussion:</u> Der schulische Unterricht sollte den Raum für Dialog und Diskussion über patriotische Themen bieten. Schülerinnen und Schüler sollten ermutigt werden, ihre Meinungen zu äußern, andere Perspektiven zu respektieren und ihre Ansichten auf der Grundlage von Fakten und Argumenten zu begründen. Dadurch wird kritisches Denken und ein tieferes Verständnis der Themen gefördert.

<u>Praktische Erfahrungen:</u> Schülerinnen und Schüler sollten die Möglichkeit haben, praktische Erfahrungen zu sammeln, die ihren Patriotismus fördern. Dazu gehören Besuche von historischen Stätten, Austauschprogramme mit anderen Schulen oder Gemeinschaftsprojekte, die den Zusammenhalt und das Engagement für die Gemeinschaft stärken.

Es ist wichtig zu betonen, dass eine ausgewogene und kritische Herangehensweise an den Patriotismus in der schulischen Bildung von großer Bedeutung ist. Es geht darum, ein Verständnis und eine Wertschätzung für das eigene Land zu fördern, ohne dabei nationalistische Überlegenheitsansprüche zu vermitteln. Ein gesunder Patriotismus basiert auf dem Wissen um die eigene

Geschichte, dem Engagement für demokratische Werte und einer offenen Haltung gegenüber anderen Kulturen und Nationen.

Gemeinschaft:

Die Förderung des Gemeinschaftsgefühls ist ein weiterer wichtiger Aspekt, wenn es darum geht, den Patriotismus als Integrationswerkzeug zu nutzen. Gemeinsame Erfahrungen, ob bei kulturellen Veranstaltungen, Sportveranstaltungen oder Feiertagen, können dazu beitragen, ein Gefühl der Zusammengehörigkeit und Solidarität unter den Bürgern zu schaffen. Sie können helfen, Barrieren abzubauen und Brücken zu bauen, indem sie Menschen unterschiedlicher Herkunft, Kultur und Religion zusammenbringen. Gemeinsame Erlebnisse können das Verständnis und die Akzeptanz unter den Bürgern fördern und so zur Integration beitragen.

Anerkennung:

Schließlich spielt die Anerkennung der Vielfalt und des Pluralismus in der Gesellschaft eine zentrale Rolle bei der Nutzung des Patriotismus als Integrationswerkzeug. Anstatt einen engen und exklusiven Begriff von nationaler Identität zu fördern, sollte der Patriotismus die Vielfalt und Unterschiedlichkeit innerhalb der Gesellschaft anerkennen und schätzen. Es sollte eine inklusive Form des Patriotismus sein, die alle Bürger, unabhängig von ihrem Hintergrund, in den nationalen Diskurs einbezieht.

Ein inklusiver Patriotismus kann ein kraftvolles
Instrument für die Integration sein, indem er ein Gefühl
der Zugehörigkeit und Einheit unter den Bürgern fördert.
Durch Bildung, Gemeinschaft und Anerkennung kann
der Patriotismus dazu beitragen, eine integrative und
inklusive Gesellschaft zu schaffen, die alle ihre Bürger
wertschätzt und respektiert. Dabei ist es wichtig, stets
daran zu erinnern, dass Patriotismus nicht bedeutet,
andere Nationen oder Kulturen abzuwerten oder zu
diskriminieren, sondern vielmehr die Liebe und das
Engagement für das eigene Land und seine Bürger
auszudrücken. Durch diese Form des Patriotismus
können wir gemeinsam eine Gesellschaft aufbauen, die
auf den Prinzipien von Frieden, Toleranz und Solidarität
beruht.

Kapitel 6: Die Verantwortung des Bürgers

Patriotismus ist nicht nur ein Gefühl der Liebe und Verbundenheit mit dem eigenen Land, sondern bringt auch eine Reihe von Verantwortungen mit sich. Jeder Bürger, der sich als Patriot bezeichnet, trägt eine Reihe von Verpflichtungen gegenüber seiner Nation und seinen Mitbürgern. In diesem Kapitel untersuchen wir einige dieser Verantwortungen.

Verantwortung gegenüber der Gemeinschaft

Als Patriot hat jeder Bürger eine Verantwortung gegenüber seiner Gemeinschaft. Dies bedeutet, sich für das Wohlergehen der Gemeinschaft einzusetzen, sowohl auf lokaler als auch auf nationaler Ebene. Es bedeutet, aktiv daran zu arbeiten, die Lebensbedingungen der Menschen zu verbessern, soziale Gerechtigkeit zu fördern und Ungleichheiten zu bekämpfen. Dazu gehört auch, sich für den, Schutz der Umwelt, der nationale Werte, sich für das Volk aber auf für das Vaterland einzusetzen, da dies direkt zum Wohlergehen der Gemeinschaft und zukünftiger Generationen beiträgt. Verantwortung für Volk und Vaterland zu übernehmen, ist eines der wichtigsten Grundpfeiler jedes Patrioten.

Verantwortung gegenüber der Demokratie

Ein weiterer wichtiger Aspekt der Verantwortung jedes
Bürgers ist der Schutz und die Förderung der
Demokratie. Dies bedeutet, sich aktiv am politischen
Prozess zu beteiligen, beispielsweise durch das Ausüben
des Wahlrechts, das Verfolgen von politischen Debatten
oder das Einbringen eigener Ideen und Vorschläge. Es
bedeutet auch, die demokratischen Institutionen und die
Rechtsstaatlichkeit zu verteidigen und sich gegen
jegliche Formen von Autoritarismus, Korruption,
Faschismus und Rassismus zu stellen. Deutschland darf
kein Sammelbecken für Opportunisten werden, welche in
ihrem Sammelsurium nach Macht trachten, um
persönliche Ambitionen durchzusetzen, statt an das
allgemeine Wohl der deutschen Nation zu denken.

Verantwortung für die Erinnerungskultur

In Deutschland hat die Verantwortung jedes Bürgers
auch eine besondere Dimension: die Pflege der
Erinnerungskultur. Angesichts der dunklen Kapitel der
deutschen Geschichte ist es wichtig, dass jeder Bürger
die Verantwortung für das Erinnern übernimmt. Dies
bedeutet, sich mit der Vergangenheit
auseinanderzusetzen, aus ihr zu lernen und sie als Teil
der nationalen Identität anzuerkennen. Es bedeutet auch,
sich aktiv gegen das Vergessen einzusetzen und die
Erinnerung an die Opfer der nationalsozialistischen
Gewaltherrschaft wach zu halten. Zeitgleich bedeutet es
jedoch nicht, dass man sich für das deutsch sein schämen
muss. Der deutsche Pazifismus hat zweifellos zu einer

spezifischen kulturellen Dynamik geführt, die geprägt ist
von einer gewissen Zurückhaltung im Ausdruck des
Patriotismus und einer zurückhaltenden Verwendung
nationaler Symbole wie der deutschen Flagge. Es ist
wahr, dass patriotische Gefühle in Deutschland oft
besonders während sportlicher Großereignisse wie der
Fußball-Europameisterschaft oder der Weltmeisterschaft
offen zutage treten.

Solange die Europameisterschaft respektive
Weltmeisterschaft läuft, ist Deutschland übersäht mit
deutschen Flaggen, sobald diese jedoch vorbei ist,
verschwinden diese wieder.

Verantwortung für die Integration

Schließlich hat jeder Bürger die Verantwortung, zur
Integration beizutragen. Dies bedeutet, Offenheit und
Respekt gegenüber Menschen unterschiedlicher
Herkunft, Kultur und Religion zu zeigen und aktiv gegen
Diskriminierung und Fremdenfeindlichkeit vorzugehen.
Es bedeutet auch, sich für eine inklusive Gesellschaft
einzusetzen, in der jeder Bürger, unabhängig von seiner
Herkunft, voll und ganz teilhaben kann. Zeitgleich ist es
wichtig zu betonen, dass Integration und Anpassung von
Flüchtlingen und Migranten in Deutschland nicht mit
einer Assimilation gleichzusetzen sind. Assimilation
bezieht sich auf den vollständigen Verlust der eigenen
kulturellen Identität und die Anpassung an die
vorherrschende Kultur. Dies ist weder wünschenswert
noch erforderlich für eine erfolgreiche Integration.

Stattdessen ist es wichtig, dass sich Flüchtlinge und Migranten in Deutschland anpassen und integrieren, ohne ihre kulturelle Identität aufgeben zu müssen. Hier sind einige Gründe, warum dies von Bedeutung ist:

Gesellschaftliche Zusammengehörigkeit:

Integration ermöglicht es Flüchtlingen und Migranten, ein Gefühl der Zugehörigkeit zur deutschen Gesellschaft zu entwickeln. Durch das Erlernen der deutschen Sprache, die Anerkennung der gesellschaftlichen Normen und Werte und die Teilnahme am sozialen und kulturellen Leben können sie aktiv am gesellschaftlichen Zusammenleben teilnehmen und Beziehungen zu Einheimischen aufbauen.

<u>Chancengleichheit:</u> Eine erfolgreiche Integration schafft Chancengleichheit für Flüchtlinge und Migranten, indem sie ihnen Zugang zu Bildung, Beschäftigung und anderen Ressourcen ermöglicht. Dies stärkt ihre individuellen Möglichkeiten und fördert ihre wirtschaftliche Unabhängigkeit.

<u>Wirtschaftliche Entwicklung:</u> Durch die Integration von Flüchtlingen und Migranten kann das wirtschaftliche Potenzial einer Gesellschaft gesteigert werden. Viele Migranten bringen wertvolle Fähigkeiten, Talente und Innovationen mit, die zur wirtschaftlichen Entwicklung beitragen können. Eine effektive Integration ermöglicht es ihnen, ihr Potenzial zu entfalten und einen Beitrag zur Gesellschaft und zur Wirtschaft zu leisten.

Es ist jedoch wichtig zu betonen, dass Integration ein beidseitiger Prozess ist, der sowohl von den Flüchtlingen

und Migranten als auch von der aufnehmenden
Gesellschaft Engagement und Offenheit erfordert. Die
Integration sollte auf gegenseitigem Respekt,
Wertschätzung und dem Bekenntnis zu gemeinsamen
Werten basieren, während gleichzeitig Raum für die
Bewahrung und Wertschätzung der eigenen kulturellen
Identität gegeben wird.

Insgesamt ist die Verantwortung jedes Bürgers ein
zentraler Aspekt des Patriotismus. Sie erfordert aktives
Engagement, Solidarität und eine kontinuierliche
Auseinandersetzung mit der eigenen Identität und den
Werten der Gesellschaft. Nur durch die Übernahme
dieser Verantwortungen kann der Patriotismus seine
volle Bedeutung entfalten und dazu beitragen, eine
gerechte, demokratische und inklusive Gesellschaft zu
schaffen.

KAPITEL 7 – Die politische Mitte

Die politische Mitte in Deutschland hat eine fundamentale Rolle bei der Sicherstellung von Stabilität, Konsens und Moderation in der Politik. Sie dient als Bindemittel, das die ideologischen Extreme bremst und verhindert, dass unsere Gesellschaft in eine polarisierende und oft schädliche Spaltung abrutscht. Die derzeitige politische Landschaft in Deutschland wird oft als ein Spektrum beschrieben, das sich zwischen den Linken und den rechten Populisten erstreckt, dazwischen befindet sich absolut nichts, zumindest bekommt man dieses Gefühl.

Eine der wichtigsten Funktionen der politischen Mitte ist es, einen Ausgleich zwischen diesen extremen Positionen zu schaffen. Sie ermöglicht es, Kompromisse zu finden und einen konstruktiven Dialog zu führen, der sich auf Sachfragen konzentriert, anstatt auf ideologische Grabenkämpfe. Auf diese Weise trägt die politische Mitte dazu bei, das gesellschaftliche Zusammenleben zu stabilisieren und die Kontinuität des politischen Systems zu gewährleisten. Darüber hinaus sollte betont werden, dass es von entscheidender Bedeutung ist, eine Partei zu haben, die patriotisch im besten Sinne des Wortes ist, und dabei das nationale Interesse in den Vordergrund stellt. Patriotismus in diesem Sinne bedeutet, sich für das Wohl des eigenen Landes einzusetzen, ohne dabei andere Nationen abzuwerten. Eine solche Partei kann das Beste aus beiden Welten vereinen, indem sie den sozialen Zusammenhalt und die ökonomische Prosperität in

Deutschland fördert und gleichzeitig dafür sorgt, dass Deutschland eine verantwortungsvolle und konstruktive Rolle in der internationalen Gemeinschaft spielt.

Es ist zu beachten, dass eine solche Mitte-patriotische Partei nicht zwangsläufig links- oder rechtspopulistische Züge aufweisen muss. Populismus kann oft zu einer Vereinfachung komplexer Themen und zur Manipulation von Ängsten und Vorurteilen führen, was letztlich dem gesellschaftlichen Zusammenleben und der Qualität der politischen Debatte schadet. Eine Mitte-patriotische Partei sollte stattdessen darauf abzielen, einen ausgewogenen und umfassenden Ansatz für die Politik zu verfolgen, der die Interessen aller Bürgerinnen und Bürger berücksichtigt und dabei frei von Rassismus und Diskriminierung ist. In der politischen Mitte zu stehen bedeutet, die Vielfalt der Meinungen und Perspektiven in unserer Gesellschaft zu respektieren und dennoch eine gemeinsame Grundlage für den Dialog und das Zusammenleben zu finden. Es bedeutet, sowohl die eigenen Interessen als auch die der internationalen Gemeinschaft im Auge zu behalten. Es bedeutet, das eigene Land zu lieben und dennoch offen für die Welt zu sein. Es ist diese Balance, die es der politischen Mitte ermöglicht, eine Schlüsselrolle bei der Gestaltung einer gerechten, stabilen und prosperierenden Gesellschaft zu spielen.

Zunächst ist es wichtig zu verstehen, dass die politische Mitte eine dynamische Position ist. Sie ist kein statischer Punkt auf der ideologischen Skala, sondern passt sich an die wechselnden Umstände und Anforderungen der Gesellschaft an. Daher muss die politische Mitte, um effektiv zu sein, sich ständig über die aktuellen gesellschaftlichen und politischen Herausforderungen informieren und entsprechende Lösungen vorschlagen.

Ein weiterer Aspekt, der die Wichtigkeit der politischen Mitte in Deutschland hervorhebt, ist ihr Vermögen, verschiedene Interessen und Bedürfnisse innerhalb der Gesellschaft zu integrieren. Die politische Mitte kann als Plattform dienen, auf der Konsens und Zusammenarbeit erreicht werden können, indem sie einen fairen und respektvollen Austausch von Ideen fördert. In einer Zeit, in der der gesellschaftliche Zusammenhalt und das Vertrauen in die politischen Institutionen zu erodieren scheinen, kann die politische Mitte helfen, die Kommunikation wiederherzustellen und das Vertrauen der Bürgerinnen und Bürger zu stärken. Eine politische Partei in der Mitte, die sich auf das nationale Interesse konzentriert, kann auch dabei helfen, das Gefühl der nationalen Identität und Zugehörigkeit zu stärken, ohne dabei in nationalistische Extreme abzurutschen. Solch eine Partei kann die kulturelle Vielfalt innerhalb Deutschlands anerkennen und gleichzeitig die gemeinsamen Werte und Normen fördern, die unsere Gesellschaft zusammenhalten. Schließlich ist es wichtig zu betonen, dass Patriotismus und eine globale Perspektive kein Widerspruch sein müssen. Eine Mitte-patriotische Partei kann für die Interessen Deutschlands eintreten und gleichzeitig die Notwendigkeit anerkennen, internationale Kooperation und Solidarität zu fördern. In einer immer stärker vernetzten Welt kann eine solche Haltung dazu beitragen, dass Deutschland seine Rolle als verantwortungsbewusster Akteur in der internationalen Gemeinschaft wahrnimmt.

Zusammenfassend lässt sich sagen, dass die politische Mitte in Deutschland eine entscheidende Rolle bei der Förderung von Stabilität, Konsens und Zusammenhalt spielt. Eine Mitte-patriotische Partei, die das nationale Interesse vertritt und gleichzeitig offen für die Welt ist, kann einen wesentlichen Beitrag zur Gestaltung einer gerechten und prosperierenden Gesellschaft leisten. Es ist daher von größter Bedeutung, den Wert und die Notwendigkeit der politischen Mitte in unserem politischen Diskurs zu betonen und zu fördern.

Mögliches Wirken einer patriotischen Partei

1.Migrationspolitik

Eine Partei, die sich politisch in der Mitte befindet und patriotisch, aber auch global orientiert ist, könnte zur Bewältigung der Migrationsproblematik auf eine Reihe von Strategien zurückgreifen. Wichtig ist dabei immer, dass eine humane, faire und realistische Herangehensweise im Vordergrund steht.

Gesetzeskonforme Migration: Eine solche Partei könnte zuerst einmal klare und nachvollziehbare Regeln für die Einwanderung aufstellen. Wer nach Deutschland kommen möchte, um hier zu studieren, vor Krieg flüchtet, sollte einen legalen und transparenten Weg dafür finden respektive das Asylrecht nutzen. Wirtschaftsflüchtlinge oder sonstiger Zugang ohne triftigen Grund muss schnellstmöglich gedrosselt werden, wenn dies auf Europäischer Ebene nicht möglich ist, dann auf nationaler Ebene. Eine Überforderung der einheimischen Bevölkerung kann weder gewünscht, noch geduldet werden. Des Weiteren kann die unkontrollierte Migration nicht nur für ein politisches Chaos, auch zu Parallelgesellschaften innerhalb der Bevölkerung führen. Eine gut durchdachte und umgesetzte Einwanderungspolitik kann die Vorteile von Migration nutzen, die Gesellschaft bereichern und gleichzeitig potenzielle Nachteile mindern.

Integration fördern: Die Partei könnte Programme und Maßnahmen unterstützen, die darauf abzielen, Neuankömmlinge in die Gesellschaft zu integrieren.

Dabei geht es um Spracherwerb, kulturelles Verständnis, Ausbildung und Arbeitsmarktintegration. Eine erfolgreiche Integration kann das Zusammenleben erleichtern und den sozialen Zusammenhalt stärken. Es gibt verschiedene Ansätze und Maßnahmen, um eine effektive Integration von Flüchtlingen zu fördern. Ein möglicher Weg ist die Unterzeichnung eines Eingliederungsvertrags bei Ankunft, der bestimmte Bedingungen und Vereinbarungen festlegt. Eine solche Vereinbarung kann verschiedene Elemente umfassen, um die Integration zu unterstützen. Hier sind einige Punkte, die in einem solchen Vertrag enthalten sein könnten:

Aufenthalts- und Arbeitserlaubnis: Der Vertrag kann festlegen, dass der Flüchtling bei Ankunft eine befristete Aufenthaltserlaubnis erhält, die es ihm ermöglicht, sich für eine bestimmte Zeitspanne im Land aufzuhalten. Gleichzeitig kann eine befristete Arbeitserlaubnis gewährt werden, um Flüchtlingen die Möglichkeit zu geben, möglichst frühzeitig in das Arbeitsleben einzusteigen.

Sprach- und Integrationskurse: Der Vertrag kann vorsehen, dass der Flüchtling verpflichtet ist, während seines Aufenthalts mindestens fünf Stunden pro Woche an nachweislichen Sprach- und Integrationskursen teilzunehmen. Durch diese Kurse können Flüchtlinge die deutsche Sprache erlernen, kulturelle Kenntnisse erwerben und sich schneller in die Gesellschaft integrieren.

Unterstützung bei der Arbeitssuche: Der Vertrag kann auch vorsehen, dass den Flüchtlingen bei der Suche nach einer geeigneten Beschäftigung Unterstützung geboten wird. Dies kann durch Beratung, Mentoring-Programme oder Jobvermittlungsdienste geschehen, um ihnen dabei zu helfen, ihre Fähigkeiten einzusetzen und sich auf dem Arbeitsmarkt zu etablieren.

Anpassungsmaßnahmen: Der Vertrag kann auf die individuellen Bedürfnisse der Flüchtlinge eingehen und angemessene Unterstützungsmaßnahmen festlegen. Dies kann beispielsweise die Bereitstellung von Bildungsangeboten für Kinder, Zugang zu Gesundheitsversorgung oder Hilfe bei der Wohnungssuche umfassen.

Evaluierung und Unterstützung: Der Vertrag kann vorsehen, dass die Fortschritte des Flüchtlings regelmäßig überprüft werden, um sicherzustellen, dass die festgelegten Integrationsziele erreicht werden. Gegebenenfalls können zusätzliche Unterstützungsmaßnahmen angeboten werden, um Hindernisse zu überwinden und die Integration zu erleichtern.

Ein solcher Eingliederungsvertrag kann dazu beitragen, dass Flüchtlinge schneller in die Gesellschaft integriert werden und aktiv am Arbeitsleben teilhaben können. Indem Flüchtlingen frühzeitig die Möglichkeit gegeben wird, ihre Fähigkeiten einzusetzen und ihren Lebensunterhalt selbstständig zu bestreiten, kann die

Abhängigkeit von Sozialleistungen verringert werden.
Gleichzeitig werden Flüchtlinge durch den Zugang zu
Bildung, Sprachkursen und Unterstützungsmöglichkeiten
auf ihrem Weg zur Integration unterstützt.

Was wenn eine Integration fehlschlägt?

Es ist wichtig, dass ein Eingliederungsvertrag klare
Erwartungen und Verpflichtungen für Flüchtlinge
festlegt, um eine erfolgreiche Integration zu fördern. Im
Falle von wiederholter Nichteinhaltung dieser
Verpflichtungen könnten Sanktionen als mögliche
Maßnahme in Betracht gezogen werden. Hierbei sollte
jedoch stets im Einklang mit geltendem Recht und den
Grundsätzen der Menschenrechte gehandelt werden.
Wenn ein Flüchtling trotz angemessener Unterstützung
und angemessener Fristen wiederholt gegen die im
Eingliederungsvertrag festgelegten Verpflichtungen
verstößt, kann eine Überprüfung der Situation notwendig
sein. In solchen Fällen könnten mögliche Sanktionen, die
nach geltendem Recht zulässig sind, in Erwägung
gezogen werden. Dies kann beispielsweise bedeuten,
dass bestimmte Sozialleistungen gekürzt oder ausgesetzt
werden. Im Falle einer wiederholten Nichteinhaltung der
Verpflichtungen und bei fehlender Bereitschaft zur
Anpassung und Integration könnten weitere Maßnahmen
in Betracht gezogen werden. Dies könnte unter
Umständen bedeuten, dass eine Verlängerung des
Aufenthalts nicht genehmigt wird und gegebenenfalls
eine Abschiebung als letzte Konsequenz in Betracht
gezogen wird.

<u>**Ursachen von Migration angehen:**</u> In ihrer globalen Ausrichtung könnte die Partei Maßnahmen auf internationaler Ebene unterstützen, die auf die Bekämpfung der Ursachen von Flucht und Migration abzielen. Dazu gehören zum Beispiel Entwicklungszusammenarbeit, Friedensinitiativen und Klimaschutz. Deutschland ist zweifellos einer der größten Waffenexporteure weltweit, und es gibt bestimmte deutsche Rüstungsunternehmen, die in dieser Branche eine bedeutende Rolle spielen. Zu den größten deutschen Waffenfirmen gehören beispielsweise Rheinmetall AG, ThyssenKrupp Marine Systems, Heckler & Koch, Krauss-Maffei Wegmann und Diehl Defence. Diese Unternehmen produzieren und exportieren eine Vielzahl von Waffen und Rüstungsgütern.

Es ist wichtig anzuerkennen, dass der Waffenhandel Auswirkungen auf Konflikte und Migration haben kann. Waffenexporte können zu einer Eskalation von Konflikten beitragen und sowohl die Menschenrechtslage in den betroffenen Ländern verschlechtern als auch zur Vertreibung von Menschen führen. In einigen Fällen können Waffen, die an bestimmte Länder exportiert werden, in internen oder grenzüberschreitenden Konflikten eingesetzt werden und zu einer weiteren Instabilität in der Region beitragen. Aus diesem Grund liegt es in unserer Verantwortung, nicht untätig zu bleiben, sondern die Ursachen von Konflikten und Instabilität anzugehen. Dies umfasst nicht nur den Stopp von Waffenverkäufen in problematische Regionen, sondern auch eine aktive politische Unterstützung für Konfliktprävention, Friedensverhandlungen und humanitäre Hilfe. Indem wir uns für eine diplomatische Lösung einsetzen und die Ursachen von Konflikten angehen, können wir zur Stabilisierung und Sicherheit in den betroffenen Regionen beitragen und somit auch potenzielle Fluchtursachen reduzieren.

Ein Beispiel für den Einsatz politischer Unterstützung ist die Frage der Waffenverkäufe an Saudi-Arabien. Saudi-Arabien ist in Konflikte involviert, wie zum Beispiel im Jemen-Krieg, der zu einer humanitären Krise geführt hat. Es gibt Berichte über den Einsatz von deutschen Waffen im Jemen-Krieg, was die Bedeutung einer restriktiven Haltung gegenüber Waffenexporten verdeutlicht. Der Stopp von Waffenverkäufen an Länder, die Menschenrechtsverletzungen begehen oder in bewaffnete Konflikte verwickelt sind, ist wichtig, um eine aktive Rolle im Kampf gegen Konflikte und deren Auswirkungen auf die Migration einzunehmen. Es ist unerlässlich, dass Deutschland und andere Länder ihre Verantwortung als Waffenexporteure wahrnehmen und sich für verantwortungsvolle und ethische Standards im Waffenhandel einsetzen. Dies beinhaltet die Beachtung von Menschenrechtskriterien, die Förderung von Rüstungskontrollabkommen und die Unterstützung von Initiativen zur Konfliktprävention und Friedensförderung. Nur durch eine umfassende Herangehensweise können wir dazu beitragen, dass Waffen nicht in die falschen Hände geraten und zur Verschärfung von Konflikten und Migration beitragen.

<u>Schutz der Außengrenzen:</u> Eine patriotisch-moderate Partei könnte für einen effektiven, starken und gleichzeitig humanen Schutz der europäischen Außengrenzen eintreten. Sie könnte zum Beispiel für eine Verbesserung und Stärkung der europäischen Grenzschutzagentur Frontex plädieren. Die Europäische Grenzschutzagentur Frontex wurde im Jahr 2004 gegründet und hat die Aufgabe, die EU-Mitgliedstaaten bei der Sicherung der EU-Außengrenzen zu unterstützen. Ihre Hauptaufgaben umfassen die Koordinierung von Grenzkontrollen, die Unterstützung bei der Rückführung von Personen ohne Aufenthaltsrecht sowie die Förderung der Zusammenarbeit zwischen den Mitgliedstaaten im Bereich des Grenzschutzes. Frontex spielt eine wichtige Rolle bei der Bewältigung der Migrationsströme und der Bekämpfung der grenzüberschreitenden Kriminalität in der Europäischen Union. Die Agentur unterstützt die Mitgliedstaaten durch die Bereitstellung von Fachwissen, technischer Ausrüstung und finanzieller Unterstützung. Darüber hinaus koordiniert sie gemeinsame Operationen an den Außengrenzen und fördert den Informationsaustausch zwischen den Mitgliedstaaten. Trotz ihrer wichtigen Rolle und ihrer Bemühungen, den Grenzschutz in der EU zu stärken, hat Frontex in den letzten Jahren mit einigen Problemen zu kämpfen gehabt. Ein Hauptkritikpunkt betrifft die Vorwürfe von Menschenrechtsverletzungen im Zusammenhang mit dem Grenzschutzeinsatz. Es wurden Berichte über unverhältnismäßige Gewaltanwendung, unrechtmäßige Zurückweisungen von Schutzsuchenden und mangelnde Transparenz bei den Operationen der Agentur veröffentlicht.

Ein weiteres Problem liegt in der Komplexität der Zuständigkeiten und der Koordinierung zwischen Frontex und den nationalen Grenzschutzbehörden. Es besteht Bedarf an einer klareren Aufgabenverteilung, effektiver Kommunikation und besserer Zusammenarbeit zwischen den beteiligten Akteuren, um die Effizienz und Effektivität des Grenzschutzes zu verbessern. Um Frontex zu verbessern, sollten mehrere Maßnahmen in Betracht gezogen werden. Erstens ist es wichtig, die Einhaltung der Menschenrechtsstandards sicherzustellen und Vorwürfe von Menschenrechtsverletzungen gründlich zu untersuchen. Transparenz und Rechenschaftspflicht sollten gestärkt werden, indem unabhängige Überwachungsmechanismen eingerichtet und der Zugang zu Informationen erleichtert wird. Zweitens sollten die Kapazitäten von Frontex gestärkt werden, um eine effektivere Unterstützung der Mitgliedstaaten zu gewährleisten. Dies könnte eine Erhöhung der finanziellen Mittel, eine Verbesserung der Ausstattung und die Förderung von Schulungen und Austauschprogrammen für das Personal umfassen. Schließlich ist eine bessere Koordinierung zwischen Frontex und den nationalen Grenzschutzbehörden von entscheidender Bedeutung. Durch die Schaffung klarer Richtlinien, einen verbesserten Informationsaustausch und die Förderung von bewährten Verfahren kann die Effizienz des Grenzschutzes erhöht werden.

Insgesamt ist die Verbesserung von Frontex ein komplexer Prozess, der eine enge Zusammenarbeit zwischen den EU-Mitgliedstaaten, der Agentur selbst und anderen relevanten Akteuren erfordert. Durch die Stärkung der Menschenrechtsstandards, die Erhöhung der Kapazitäten und die Verbesserung der Koordinierung kann Frontex effektiver und transparenter werden, um seine wichtige Rolle bei der Sicherung der EU-Außengrenzen zu erfüllen.

Europäische Lösung: Sie könnte sich für eine gemeinsame europäische Lösung in der Asylpolitik einsetzen. Die Lasten und Verantwortlichkeiten sollten fair unter den Mitgliedsstaaten verteilt werden, anstatt dass einzelne Länder übermäßig belastet werden. Das europäische Asylrecht zu verschärfen, um den Flüchtlingsstrom besser zu kontrollieren und die Lage zu bewältigen, erfordert eine ausgewogene Berücksichtigung der nationalen Interessen Deutschlands sowie der gemeinsamen europäischen Verantwortung. Es ist wichtig, dabei die Menschenrechte und humanitären Prinzipien zu wahren. Hier sind einige mögliche Ansätze, um das EU-Asylrecht zu verschärfen:

Stärkere Grenzkontrollen: Eine verstärkte Überwachung und Sicherung der EU-Außengrenzen, kann dazu beitragen, einen unkontrollierten Zustrom von Asylsuchenden zu verhindern. Deutschland und andere Mitgliedstaaten könnten ihre Grenzschutzkapazitäten verbessern, indem sie in die Ausstattung und das Personal investieren.

<u>Gemeinsame Asylverfahren:</u> Eine Harmonisierung der Asylverfahren in der EU kann dazu beitragen, Missbrauch und Asyl-Shopping zu verhindern. Einheitliche Standards und Verfahren würden sicherstellen, dass Asylbewerber in jedem Mitgliedstaat gleichbehandelt werden.

<u>Beschleunigte Verfahren:</u> Durch die Einführung beschleunigter Asylverfahren könnten Anträge schneller bearbeitet werden, was zu einer effizienteren Verwaltung des Flüchtlingsstroms führen könnte. Dies erfordert jedoch eine ausreichende personelle Ausstattung der zuständigen Behörden.

<u>Effektive Rückführung:</u> Ein verbessertes System zur Rückführung abgelehnter Asylbewerber, das auf gemeinsamen Vereinbarungen und verstärkter Zusammenarbeit basiert, könnte den Druck auf das Asylsystem verringern. Es ist wichtig sicherzustellen, dass Rückführungen in Übereinstimmung mit den internationalen Menschenrechtsnormen durchgeführt werden.

<u>Stärkere Zusammenarbeit mit Herkunfts- und Transitländern:</u> Durch verstärkte diplomatische Bemühungen und Entwicklungszusammenarbeit mit den Herkunfts- und Transitländern könnte die Ursachen von Flucht und Migration angegangen werden. Dies könnte dazu beitragen, die Zahl der Flüchtlinge zu verringern, die nach Europa kommen.

TÜRKEI FLÜCHTLINGSDEAL

Der Flüchtlingsdeal zwischen der Europäischen Union (EU) und der Türkei, der im März 2016 vereinbart wurde, hat sowohl positive als auch negative Aspekte. Es ist wichtig, die Vor- und Nachteile dieser Vereinbarung kritisch zu betrachten, während gleichzeitig ihre positiven Auswirkungen anerkannt werden.

Vorteile des Flüchtlingsdeals mit der Türkei:

Reduzierung der Ankunftszahlen: Einer der Hauptvorteile des Deals besteht darin, dass er zu einer deutlichen Reduzierung der Ankunftszahlen von Flüchtlingen und Migranten in Europa geführt hat. Die Türkei hat sich verpflichtet, ihre Küsten zu sichern und eine striktere Kontrolle der Migrationsrouten in Richtung Griechenland zu gewährleisten. Dies hat dazu beigetragen, den Druck auf die europäischen Aufnahmesysteme zu verringern.

Schutz für Flüchtlinge in der Türkei: Im Rahmen des Abkommens hat die EU zugesagt, finanzielle Unterstützung zur Verbesserung der Lebensbedingungen von Flüchtlingen in der Türkei bereitzustellen. Dies hat dazu beigetragen, die humanitäre Situation für viele Schutzsuchende zu verbessern und ihnen Zugang zu grundlegenden Bedürfnissen wie Unterkunft, Gesundheitsversorgung und Bildung zu ermöglichen.

Bekämpfung von Schleusernetzwerken: Der Deal hat auch dazu beigetragen, Schleusernetzwerke zu bekämpfen und den gefährlichen und oft tödlichen

Schleuserpraktiken ein Ende zu setzen. Indem die legalen Migrationswege gestärkt und die illegale Überfahrt über das Ägäische Meer erschwert wurden, konnten Menschenleben gerettet werden.

Nachteile des Flüchtlingsdeals mit der Türkei:

<u>Menschenrechtsbedenken:</u> Kritiker des Deals haben Bedenken hinsichtlich der Einhaltung von Menschenrechten geäußert. Insbesondere in Bezug auf die Behandlung von Flüchtlingen in der Türkei wurden Fragen zur Meinungs- und Pressefreiheit, zum Zugang zu fairen Asylverfahren und zur Behandlung von Minderheiten aufgeworfen. Es ist wichtig, sicherzustellen, dass Schutzsuchende angemessenen Schutz und Unterstützung erhalten und dass ihre Menschenrechte gewahrt werden.

<u>Überlastung der Aufnahmesysteme:</u> Ein weiterer Nachteil des Deals besteht darin, dass er zu einer Überlastung der Aufnahmesysteme in Griechenland geführt hat. Insbesondere auf den griechischen Inseln sind die Bedingungen in den Flüchtlingslagern oft prekär, und es besteht ein Mangel an Ressourcen, um angemessene Unterbringung und Versorgung zu gewährleisten.

<u>Abhängigkeit von der Türkei:</u> Der Flüchtlingsdeal hat die EU in gewisser Weise abhängig von der Zusammenarbeit der Türkei gemacht. Es besteht die Sorge, dass diese Abhängigkeit politisch ausgenutzt werden könnte und dass die Türkei in Zukunft möglicherweise ihre Verpflichtungen nicht erfüllt.

Es ist wichtig anzuerkennen, dass der Flüchtlingsdeal mit
der Türkei ein komplexes und kontroverses Thema ist.
Während es positive Auswirkungen hatte, müssen auch
die Herausforderungen und die Notwendigkeit einer
langfristigen Lösung berücksichtigt werden. Eine
umfassende Diskussion und eine kontinuierliche
Überprüfung des Deals sind erforderlich, um
sicherzustellen, dass er den Schutzbedürfnissen von
Flüchtlingen gerecht wird und mit den Prinzipien der
Menschenrechte im Einklang steht.

Die Auswirkungen des Flüchtlingsdeals auf die Türkei

Im Zuge des Flüchtlingsdeals zwischen der Europäischen
Union und der Türkei sind in der Türkei einige
Herausforderungen aufgetreten, die zu Problemen geführt
haben. Insbesondere hat sich die Stimmung gegenüber
den syrischen Flüchtlingen verändert und es kam
vermehrt zu Zwischenfällen und Übergriffen. Darüber
hinaus sind zahlreiche Flüchtlinge aufgrund des
Abkommens in der Türkei gestrandet. Die steigende
Spannung zwischen der einheimischen Bevölkerung und
den syrischen Flüchtlingen ist eine beunruhigende
Entwicklung. Es gibt Berichte über zunehmende
Diskriminierung und eine wachsende Distanzierung von
der syrischen Bevölkerung. Dies kann auf verschiedene
Faktoren zurückgeführt werden, darunter
sozioökonomische Belastungen, die mögliche
Wahrnehmung eines Wettbewerbs um begrenzte
Ressourcen und eine mögliche Angst vor sozialen
Veränderungen. Diese Spannungen haben zu einer
Atmosphäre geführt, die Probleme und Übergriffe auf

syrische Flüchtlinge verstärkt. Es ist auch wichtig anzumerken, dass das Abkommen zwischen der EU und der Türkei dazu geführt hat, dass eine beträchtliche Anzahl von Flüchtlingen in der Türkei gestrandet ist. Laut aktuellen Informationen gibt es immer noch 4 Millionen von Flüchtlingen, die sich in der Türkei befinden und auf eine Lösung ihrer Situation warten, Tendenz steigend. Diese Situation stellt sowohl für die betroffenen Flüchtlinge als auch für die türkische Regierung und die Gesellschaft eine große Herausforderung dar. Es ist entscheidend, dass die internationale Gemeinschaft und die beteiligten Parteien weiterhin gemeinsam daran arbeiten, eine umfassende und nachhaltige Lösung zu finden. Dies sollte sowohl die Unterstützung der Flüchtlinge in der Türkei als auch die Förderung von Integration, Bildung und Arbeitsmöglichkeiten umfassen, um die Spannungen zu verringern und eine positive Atmosphäre zu schaffen. Zusätzlich ist es wichtig, dass die Wahrung der Menschenrechte und der Schutz der schutzbedürftigen Bevölkerungsgruppen im Mittelpunkt stehen. Nur durch einen kooperativen und abgestimmten Ansatz können wir hoffentlich eine Lösung finden, die sowohl den Bedürfnissen der Flüchtlinge gerecht wird als auch das Zusammenleben in den betroffenen Gemeinschaften unterstützt.

<u>Solidarität und Lastenverteilung:</u> Um den nationalen Interessen Deutschlands gerecht zu werden, ist eine stärkere Solidarität und eine gerechtere Verteilung der Verantwortung innerhalb der EU erforderlich. Dies könnte durch eine Reform des Dublin-Systems erreicht werden, das eine fairere Verteilung von Asylbewerbern auf alle Mitgliedstaaten ermöglicht.

Dublin System

Das Dublin-System ist ein europäisches Regelwerk, das die Zuständigkeit für die Bearbeitung von Asylanträgen in den EU-Mitgliedstaaten regelt. Es wurde ursprünglich im Jahr 1990 im Dubliner Abkommen und später im Jahr 2003 in der Dublin-Verordnung eingeführt. Das Ziel des Dublin-Systems besteht darin, einen Mechanismus zur Bestimmung des zuständigen Mitgliedstaats für die Prüfung eines Asylantrags zu etablieren.

Das Dublin-System basiert auf dem Grundsatz, dass nur ein Mitgliedstaat für die Prüfung eines Asylantrags zuständig ist. Dieser Grundsatz soll dazu dienen, Doppelanträge und die Ausnutzung des Asylsystems zu verhindern. Gemäß dem Dublin-System ist der zuständige Mitgliedstaat in der Regel derjenige, in dem der Asylsuchende erstmals EU-Boden betreten hat. Es gibt jedoch auch andere Kriterien, die zur Bestimmung der Zuständigkeit herangezogen werden können, wie zum Beispiel Familienzusammenführung oder bereits bestehende Aufenthaltstitel in einem bestimmten Mitgliedstaat. Das Dublin-System beinhaltet Mechanismen für die Überstellung von Asylbewerbern zwischen den Mitgliedstaaten. Wenn ein Asylbewerber in einen anderen Mitgliedstaat überstellt werden soll, muss der betreffende Mitgliedstaat den Antragsteller in der Regel aufnehmen und den Asylantrag prüfen. Dies kann auch die Durchführung von Rückführungen beinhalten, wenn ein Asylbewerber bereits in einem anderen Dublin-Staat einen Antrag gestellt hat.

Das Dublin-System hat jedoch in der Praxis einige Herausforderungen und Kritikpunkte aufgeworfen. Einige Mitgliedstaaten, insbesondere diejenigen an den EU-Außengrenzen mit einer hohen Zahl von Ankommenden, haben eine überproportionale Last der Asylverfahren und -aufnahme zu tragen. Dies hat zu Ungleichgewichten und Spannungen zwischen den Mitgliedstaaten geführt. Aufgrund dieser Herausforderungen wurde in den letzten Jahren eine Reform des Dublin-Systems diskutiert. Eine mögliche Reform könnte eine fairere Verteilung der Verantwortung für die Aufnahme und Bearbeitung von Asylanträgen zwischen den Mitgliedstaaten beinhalten. Der Vorschlag besteht darin, ein Mechanismus einzuführen, der die Zahlung finanzieller Ausgleichszahlungen oder die Aufnahme von Asylbewerbern durch andere Mitgliedstaaten vorsieht, um die Belastung fairer zu verteilen.

Es ist wichtig anzumerken, dass das Dublin System ein kontroverses Thema ist und eine umfassende Diskussion auf europäischer Ebene erforderlich ist, um tragfähige Lösungen zu finden, die die unterschiedlichen Interessen und Herausforderungen der Mitgliedstaaten berücksichtigen und gleichzeitig die Rechte von Schutzsuchenden wahren. Es ist wichtig zu betonen, dass Maßnahmen zur Verschärfung des Asylrechts immer mit dem Ziel verbunden sein sollten, Menschenrechte zu schützen und Schutzbedürftigen angemessene Hilfe und Unterstützung zu bieten. Eine umfassende Diskussion auf

europäischer Ebene und die Berücksichtigung der
unterschiedlichen nationalen Interessen sind notwendig,
um tragfähige Lösungen zu finden, die sowohl die
Flüchtlingssituation bewältigen als auch die nationalen
Interessen Deutschlands angemessen berücksichtigen.

Wie kann man das Dublin System verbessern?

Das Dublin-System könnte auf verschiedene Arten
verbessert werden, um die Herausforderungen und
Kritikpunkte anzugehen. Hier sind einige mögliche
Ansätze:

Fairere Verteilung der Verantwortung: Eine Reform
des Dublin-Systems könnte eine fairere Verteilung der
Verantwortung für die Aufnahme und Bearbeitung von
Asylanträgen zwischen den Mitgliedstaaten vorsehen.
Dies könnte beinhalten, dass die *Aufnahmekapazitäten
und Ressourcen der Mitgliedstaaten berücksichtigt*
werden, um eine gleichmäßigere Lastenverteilung zu
gewährleisten. Mechanismen wie verbindliche Quoten
oder finanzielle Ausgleichszahlungen könnten eingesetzt
werden, um die Solidarität zwischen den Mitgliedstaaten
zu stärken.

**Stärkere Zusammenarbeit und
Informationsaustausch:** Eine verbesserte Koordinierung
und der verstärkte Informationsaustausch zwischen den
Mitgliedstaaten könnten dazu beitragen, Doppelanträge
und Fehlzuweisungen zu reduzieren. Der Einsatz
digitaler Technologien und gemeinsamer Datenbanken
könnte die Effizienz und Genauigkeit bei der
Bestimmung der Zuständigkeit erhöhen.

<u>Klarere Kriterien für die Zuständigkeitsbestimmung:</u>

Eine eindeutigere Definition der Kriterien zur
Bestimmung der Zuständigkeit könnte dazu beitragen,
Unsicherheiten und Interpretationsspielräume zu
verringern. Dies könnte die Anwendung von objektiven
Kriterien wie dem Ersteinreiseland erleichtern und
Familienzusammenführung und bereits bestehende
Aufenthaltstitel besser berücksichtigen.

<u>Stärkere Berücksichtigung von Schutzbedürftigkeit:</u>

Das Dublin-System sollte die besonderen Bedürfnisse
und Schutzbedürftigkeit von Asylsuchenden angemessen
berücksichtigen. Eine verbesserte Anwendung des
Familienzusammenführungsprinzips und der
Schutzklausel könnte sicherstellen, dass vulnerable
Personen angemessenen Schutz und Unterstützung
erhalten, unabhängig davon, welcher Mitgliedstaat
zuständig ist.

<u>Effizientere Asylverfahren:</u>

Durch die Förderung beschleunigter und effizienter
Asylverfahren könnte die Bearbeitungszeit verkürzt und
die Unsicherheit für Asylsuchende verringert werden.
Dies erfordert eine angemessene personelle Ausstattung
der zuständigen Behörden sowie eine qualitativ
hochwertige Rechtsberatung und Unterstützung für
Asylbewerber. Es ist wichtig zu betonen, dass eine
Reform des Dublin-Systems eine umfassende Diskussion
und Einigung auf europäischer Ebene erfordert. Die
unterschiedlichen Interessen und Kapazitäten der

Mitgliedstaaten müssen berücksichtigt werden, während gleichzeitig die Menschenrechte und humanitären Prinzipien gewahrt bleiben. Eine langfristige Lösung erfordert eine umfassende Reform des europäischen Asylsystems insgesamt, um ein ausgewogenes und nachhaltiges System zu schaffen, das sowohl die Interessen der Mitgliedstaaten als auch den Schutz von Schutzsuchenden gewährleistet.

<u>Nicht-rassistische Diskurse:</u>

Es ist entscheidend, dass eine solche Partei konsequent gegen rassistische Diskurse und Diskriminierung eintritt. Migration und Integration sind komplexe Themen, die nuanciert und mit Respekt diskutiert werden sollten. Eine patriotische Partei in der politischen Mitte sollte sich dafür einsetzen, dass die menschliche Würde und die Grundrechte aller Menschen, unabhängig von ihrer Herkunft, immer geachtet werden und trotz dessen die nationalen Interessen Deutschlands durchzusetzen. Diese Ansätze zeigen, dass eine patriotische Politik, die sowohl nationale als auch globale Interessen im Blick hat, einen wichtigen Beitrag zur Bewältigung der Migrationsherausforderungen leisten kann. Dabei geht es nicht um Abschottung, sondern um einen ausgewogenen, gerechten und menschenwürdigen Umgang mit Migration und die Bewahrung der nationalen deutschen Werte.

2. Außenpolitik

Die Rolle einer politischen Partei, die patriotisch und gleichzeitig zentristisch ist, könnte in der Außenpolitik von großer Bedeutung sein. Der Schlüssel liegt in der Ausgewogenheit zwischen der Vertretung nationaler Interessen und der Anerkennung der globalen Zusammenhänge und Interdependenzen, die unsere Welt heute prägen.

Diplomatie und internationale Zusammenarbeit:

Eine solche Partei könnte stark auf Diplomatie und multilaterale Zusammenarbeit setzen. Sie könnte Deutschland als ein Land positionieren, das sich für internationale Normen und Regeln einsetzt, welches auch bereit ist, mit anderen Ländern zusammenzuarbeiten, um gemeinsame Herausforderungen zu meistern, wie den Klimawandel, die globale Gesundheit, den Terrorismus und andere grenzüberschreitende Bedrohungen.

Die Bundesrepublik Deutschland steht vor einer essenziellen politischen Herausforderung, die sich in einem sich verändernden geopolitischen Umfeld manifestiert. Es ist von strategischer Bedeutung, dass Deutschland seine Abhängigkeit von den USA reduziert, während es gleichzeitig seine eigene Vormachtsstellung in Europa ausbaut. Ein souveräneres Deutschland kann eine Vorreiterrolle bei der Förderung einer multipolaren Zusammenarbeit einnehmen, die auf gegenseitigem Respekt, Kooperation und internationaler Stabilität basiert.

Abschied von übermäßiger Abhängigkeit: Die langjährige Partnerschaft mit den USA hat Deutschland zweifellos einige Vorteile gebracht, aber die Unberechenbarkeit und das zunehmende Bestreben der USA, ihre nationalen Interessen vor multilaterale Kooperationen zu stellen, machen deutlich, dass eine zu starke Abhängigkeit von Washington ein Risiko darstellt. Ebenso ist eine zu starke wirtschaftliche Abhängigkeit von China als problematisch anzusehen. Deutschland muss daher eine ausgewogenere und diversifiziertere internationale Zusammenarbeit anstreben, um seine Interessen effektiv zu schützen.

Stärkung der eigenen Vormachtsstellung: Angesichts der sich wandelnden globalen Dynamiken ist Deutschland als führende Wirtschaftsmacht in Europa prädestiniert, eine aktivere und gestaltende Rolle in der EU einzunehmen. Dies erfordert, dass Deutschland seine politische Handlungsfähigkeit stärkt, um die europäische Integration voranzutreiben, gemeinsame Initiativen zu entwickeln und seine wirtschaftliche Führungsrolle in der EU zu festigen. Eine souveräne und starke Position innerhalb Europas ermöglicht es Deutschland, besser auf globale Herausforderungen zu reagieren und seine nationalen Interessen effizient zu vertreten.

<u>Multipolare Zusammenarbeit mit den Großmächten:</u>
Die strategische Ausrichtung Deutschlands sollte auf der
Förderung einer multipolaren Zusammenarbeit basieren,
in der die Interessen der USA, China und Russland
angemessen berücksichtigt werden, ohne dass
Deutschland dabei seine Souveränität opfert. Dies
bedeutet, den Dialog mit diesen Ländern zu intensivieren,
gemeinsame Interessen zu identifizieren und Konflikte
durch Diplomatie und Verhandlung zu lösen und sich
nicht einer unipolaren Welt hinzugeben in der Wahington
dominiert. Eine multipolare Herangehensweise
ermöglicht es Deutschland, als vertrauenswürdiger
Vermittler zwischen den Großmächten zu agieren und so
zur globalen Stabilität beizutragen.

<u>Vermeidung negativer Beispiele:</u> Deutschland sollte
aus den Fehlern anderer Länder lernen und vermeiden,
wie die USA den Weg einer unilateralen Macht
einzuschlagen, die andere Länder in ihren Handlungen
einschränkt. Stattdessen kann Deutschland eine
Vorreiterrolle einnehmen, indem es auf eine kooperative,
multilaterale und respektvolle Zusammenarbeit mit allen
Nationen setzt. Durch die Förderung einer transparenten
und inklusiven globalen Governance kann Deutschland
dazu beitragen, das Vertrauen zwischen den Nationen zu
stärken und gemeinsame Lösungen für globale
Herausforderungen zu entwickeln.

<u>**Schlussfolgerung:**</u> Die Bundesrepublik Deutschland steht vor der entscheidenden Aufgabe, eine unabhängige und starke Rolle in Europa und der Welt einzunehmen. Durch eine Reduzierung der Abhängigkeit von den USA, mehr Zusammenarbeit mit China und Russland und die Stärkung der eigenen Vormachtsstellung in Europa kann Deutschland als vertrauenswürdiger Vermittler agieren und eine tragende Säule für eine multipolare Zusammenarbeit werden.

Indem Deutschland sich als Brückenbauer zwischen den Großmächten positioniert und auf eine inklusive globale Governance setzt, kann es dazu beitragen, eine stabile und nachhaltige Weltordnung zu gestalten.

<u>**Förderung des internationalen Handels:**</u> Die Partei könnte sich für einen freien und fairen Handel einsetzen. Dieser könnte dazu beitragen, das Wirtschaftswachstum in Deutschland zu stärken, Arbeitsplätze zu sichern und gleichzeitig anderen Ländern Entwicklungschancen zu eröffnen.

<u>**Stärkung Deutschlands innerhalb der Europäischen Union:**</u> Als Teil Europas könnte eine solche Partei die Bedeutung der EU als Plattform zur Wahrung der gemeinsamen Interessen hervorheben. Ein starkes und vereintes Europa **kann** auf der internationalen Bühne eine stärkere Rolle spielen und die Interessen seiner Mitgliedstaaten, einschließlich Deutschland, besser durchsetzen, doch dürfen nationale Interessen nicht in den Hintergrund geraten.

Die Europäische Union beschließt Gesetze die nicht immer mit den nationalen Gesetzen übereinkommen. Im Folgenden ein Beispiel, wie die europäische Union nationale Gesetze aushebelt.

Der *Digital Services Act (DSA)* ist ein Vorschlag der Europäischen Kommission für eine umfassende Regelung im Bereich der digitalen Dienste in der Europäischen Union (EU). Das Hauptziel des DSA besteht darin, das Funktionieren des digitalen Binnenmarkts zu verbessern und den Schutz der Verbraucherinnen und Verbraucher sowie der Grundrechte in der digitalen Welt zu stärken.

Das „Digitale-Dienste-Gesetz" (oder englisch: der Digital Services Act, DSA) greift ab dem 25. August 2023 unter anderem für eine Reihe bedeutender Plattformkonzerne, darunter Google, Facebook und Twitter. Der DSA zielt darauf ab, klare Verpflichtungen und Verantwortlichkeiten für Online-Plattformen festzulegen, um gegen schädliche und illegale Inhalte vorzugehen. Er befasst sich auch mit Themen wie Transparenz, Haftung, Moderation von Inhalten und der Stärkung der Nutzerrechte.

Die vorgeschlagenen Regelungen des DSA sind weitreichend und könnten Auswirkungen auf große digitale Plattformen, soziale Medien, E-Commerce-Websites und andere Dienstleistungsanbieter haben. Der DSA strebt eine ausgewogene Balance zwischen der Förderung von Innovation und Wettbewerb einerseits und dem Schutz der Interessen der Nutzerinnen und Nutzer andererseits an.

Kritik an dem Digital Service Act

Es gibt jedoch Bedenken und Diskussionen darüber, dass
bestimmte Aspekte des DSA potenziell Auswirkungen
auf die Meinungsfreiheit haben könnten. Einige dieser
Bedenken sind:

<u>Übermäßige Regulierung:</u> Der DSA könnte
möglicherweise zu einer übermäßigen Regulierung
digitaler Plattformen führen, um bestimmte Inhalte zu
kontrollieren oder zu entfernen. Eine zu weitreichende
Kontrolle könnte dazu führen, dass legitime
Meinungsäußerungen oder kontroverse, aber dennoch
geschützte Äußerungen unterdrückt werden.

Kollision mit dem Artikel 5 des deutschen Grundgesetzes

Artikel 5 des deutschen Grundgesetzes gewährleistet die
grundlegende Freiheit der Meinungsäußerung, der
Pressefreiheit, der Rundfunkfreiheit, der Kunstfreiheit
und der Wissenschaftsfreiheit. Er ist eine der zentralen
Bestimmungen des Grundgesetzes, die die Grundrechte
und individuellen Freiheiten der Bürgerinnen und Bürger
schützen. Artikel 5 GG umfasst verschiedene elementare
Freiheiten, die in einer demokratischen Gesellschaft von
großer Bedeutung sind:

<u>Meinungsfreiheit:</u> Jede Person hat das Recht, ihre
Meinung frei zu äußern, unabhängig von staatlichen
Einschränkungen oder Zensur. Dies umfasst die Freiheit,
Meinungen zu äußern, zu verbreiten und

entgegenzunehmen, einschließlich der Freiheit des politischen Ausdrucks.

Pressefreiheit: Die Pressefreiheit gewährleistet die Freiheit der Medien, unabhängig zu berichten, Informationen zu sammeln und zu veröffentlichen. Journalistinnen und Journalisten sollen ihre Arbeit ohne Beeinflussung durch staatliche oder private Akteure ausüben können.

Rundfunkfreiheit: Die Rundfunkfreiheit schützt die Unabhängigkeit und Vielfalt der Rundfunkmedien. Es soll gewährleistet werden, dass der Zugang zu Informationen und Meinungen aus verschiedenen Quellen gewährleistet ist und dass staatliche Kontrolle oder Einflussnahme vermieden werden.

Kunstfreiheit: Die Kunstfreiheit schützt das Recht auf künstlerische Betätigung, Kreativität und kulturellen Ausdruck. Künstlerinnen und Künstler sollen ihre Werke frei gestalten und verbreiten können, ohne staatliche Zensur oder Einschränkungen.

Wissenschaftsfreiheit: Die Wissenschaftsfreiheit sichert die Freiheit von Forschung, Lehre und Studium. Wissenschaftlerinnen und Wissenschaftler sollen ihre Arbeit unabhängig und frei von staatlichen oder externen Einflüssen ausüben können. Diese Freiheiten sind essentiell für eine demokratische Gesellschaft und garantieren den Schutz der individuellen Rechte und Meinungsvielfalt. Sie dienen der Förderung des öffentlichen Diskurses, der Transparenz und der Pluralität der Meinungen. Allerdings sind diese

Freiheiten nicht absolut und finden ihre Grenzen, wenn sie die Rechte anderer verletzen oder Straftaten begehen. Einschränkungen können in bestimmten Fällen wie dem Schutz der öffentlichen Ordnung, der nationalen Sicherheit oder des Schutzes von Persönlichkeitsrechten gerechtfertigt sein.

Artikel 5 GG ist ein grundlegender Pfeiler der demokratischen Gesellschaft und unterstreicht die Bedeutung der Freiheit der Meinungsäußerung, der Presse, der Kunst und der Wissenschaft für eine offene und pluralistische Gesellschaft. Wenn man nun den Digitial Service Act dem Artikel 5 des deutschen Grundgesetzes gegenüberstellt, werden dann die Differenzen schnell klar. <u>Der Digital Service Act unterbindet</u> die freie Meinungsäußerung während der *Artikel 5 des deutschen Grundgesetzes die freie Rede.- & Meinungsäußerung fördert.*

Doch weshalb schlägt EU - Recht das nationale Recht?

Die Vorrangstellung des EU-Rechts vor nationalem Recht beruht auf dem Grundsatz der Supranationalität der Europäischen Union. Dieser Grundsatz wurde von den Mitgliedstaaten in den EU-Verträgen vereinbart und bildet die Grundlage für das Funktionieren der EU. Der Vorrang des EU-Rechts hat mehrere Gründe:

<u>Souveränitätsübertragung:</u> Die Mitgliedstaaten haben Teile ihrer Souveränität auf die Europäische Union übertragen, um gemeinsame Ziele und Interessen zu verfolgen. Durch den Beitritt zur EU haben sie sich

verpflichtet, die Verpflichtungen und Vorschriften des
EU-Rechts einzuhalten.

Rechtssicherheit und einheitlicher Binnenmarkt: Die
einheitliche Anwendung von EU-Recht in allen
Mitgliedstaaten schafft Rechtssicherheit für
Unternehmen, Bürgerinnen und Bürger. Dies erleichtert
den Handel und die Zusammenarbeit im Binnenmarkt, da
einheitliche Regeln gelten.

Schutz der Grundfreiheiten: EU-Recht enthält
grundlegende Prinzipien und Rechte, wie beispielsweise
die Freizügigkeit, den Schutz der Menschenrechte und
die Nichtdiskriminierung. Der Vorrang des EU-Rechts
gewährleistet, dass diese Rechte in allen Mitgliedstaaten
geschützt werden.

Es ist wichtig anzumerken, dass die Anwendung des
Vorrangs des EU-Rechts in der Praxis durch den
Europäischen Gerichtshof überwacht wird. Der
Gerichtshof entscheidet in Streitfällen darüber, ob
nationale Gesetze mit dem EU-Recht vereinbar sind und
ob der Vorrang des EU-Rechts angewendet werden muss.

Der Vorrang des EU-Rechts über nationales Recht ist ein
grundlegendes Prinzip, das die Integration und das
Funktionieren der Europäischen Union ermöglicht. Es
dient dazu, einheitliche Standards und Rechtssicherheit
zu gewährleisten und die Ziele der EU zu erreichen. Fakt
ist jedoch, dass am Ende des Tages, die einzelnen EU
Staaten ein Stück weit die eigene Souveränität und
Handlungsfähigkeit aufgeben.

Automatisierte Inhaltsfilterung: Der DSA sieht vor, dass Plattformen Maßnahmen zur Verhinderung illegaler oder schädlicher Inhalte ergreifen müssen. Die Implementierung von automatisierten Inhaltsfiltern könnte jedoch zu übermäßigen Einschränkungen führen, da Algorithmen nicht immer in der Lage sind, kontextbezogene Unterscheidungen zwischen rechtswidrigen und rechtmäßigen Inhalten zu treffen.

Auswirkungen auf Meinungsvielfalt: Durch die Anwendung bestimmter Vorschriften könnten Plattformen dazu gedrängt werden, bestimmte Arten von Inhalten oder Meinungen zu unterdrücken, um potenzielle rechtliche Risiken zu vermeiden. Dies könnte zu einer Einschränkung der Meinungsvielfalt führen und die Möglichkeit, unterschiedliche Ansichten auszudrücken, *einschränken.*

Friedenssicherung und Konfliktlösung: Deutschland könnte als eine Stimme für Frieden und Stabilität positioniert werden, indem es in internationalen Gremien auf eine friedliche Lösung von Konflikten hinwirkt, sich an Friedensmissionen beteiligt und humanitäre Hilfe leistet.

Pflege von bilateralen Beziehungen: Die Partei könnte sich dafür einsetzen, die bilateralen Beziehungen zu anderen Ländern zu stärken und auszubauen. Gute bilaterale Beziehungen können sowohl zu politischer Stabilität als auch zu wirtschaftlichen Vorteilen führen.

3. Innenpolitik

Eine patriotische Partei, die sich politisch in der Mitte befindet, kann auf verschiedene Weise positiven Einfluss auf die Innenpolitik in Deutschland nehmen.

Förderung des sozialen Zusammenhalts: Eine patriotische Partei in der politischen Mitte könnte sich darauf konzentrieren, den sozialen Zusammenhalt zu stärken. Sie könnte dabei nationale Symbole und Feiern nutzen, um ein Gefühl der Zugehörigkeit und gemeinsamen Identität zu fördern. Gleichzeitig könnte sie sich dafür einsetzen, dass alle Bürger, unabhängig von ihrer Herkunft, Religion oder sozialen Klasse, sich als Teil der deutschen Gesellschaft fühlen und gleiche Chancen haben. Nach den dunklen Kapiteln des Zweiten Weltkriegs und der Tatsache, dass die Nazis nationale Symbole für ihre eigene Agenda missbraucht haben, ist es heutzutage von großer Bedeutung, dass Deutschland seine nationalen Feiern und Symbole erneut an die Öffentlichkeit trägt. Der falsche Zusammenhang zwischen nationalen Begriffen und den Gräueltaten des Nazi-Regimes hat zu einer komplexen Beziehung der deutschen Bevölkerung zu ihrer eigenen Identität geführt. Daher ist es an der Zeit, diese missbräuchliche Assoziation zu überwinden und ein gesundes, stolzes Verhältnis zu unseren nationalen Symbolen und Feiern wiederzuerlangen.

Stärkung der nationalen Identität: Die Wiederbelebung nationaler Feiern und Symbole trägt maßgeblich zur Stärkung der nationalen Identität bei. Eine gesunde und ausgeprägte Identifikation mit der eigenen Nation kann zu einem besseren Verständnis der Geschichte, Kultur und Traditionen führen. Indem wir unsere nationalen Symbole und Feiern zurückfordern, können wir als Gesellschaft gemeinsam eine Identität aufbauen, die frei von den Schatten vergangener Ereignisse ist.

<u>Überwindung der belasteten Vergangenheit:</u> Indem wir nationale Symbole und Feiern erneut in die Öffentlichkeit bringen, nehmen wir aktiv Einfluss auf die Wahrnehmung unserer Geschichte. Es ist wichtig zu betonen, dass die dunkle Vergangenheit nicht das gesamte Erbe Deutschlands repräsentiert. Die Zeit ist gekommen, die Assoziation nationaler Begriffe mit dem Nazi-Regime zu durchbrechen und eine offene Auseinandersetzung mit unserer Geschichte zu ermöglichen.

<u>Förderung eines positiven Patriotismus:</u> Das Zeigen von nationalen Symbolen und das Feiern unserer Kultur sollten nicht länger von der Angst vor einer falschen Interpretation bestimmt sein. Ein positiver Patriotismus bedeutet, stolz auf die Errungenschaften unseres Landes zu sein, ohne dabei die dunklen Momente zu verharmlosen oder zu ignorieren. Indem wir diese positiven Gefühle zulassen und gemeinsam teilen, können wir eine inklusive nationale Gemeinschaft aufbauen.

<u>Demokratischer Umgang mit Symbolen:</u> Es ist essentiell zu verstehen, dass nationale Symbole in einer Demokratie von unterschiedlichen Menschen auf verschiedene Weise interpretiert werden können. Anstatt

die Symbole zu verstecken, sollten wir lernen, mit
unterschiedlichen Meinungen respektvoll umzugehen
und den Dialog zu fördern. Indem wir uns aktiv mit den
Symbolen auseinandersetzen, können wir einen
demokratischen Diskurs fördern, der eine positive
Entwicklung der Gesellschaft begünstigt.

Fazit: Die Wiederbelebung nationaler Feiern und
Symbole in Deutschland ist ein wichtiger Schritt zur
Überwindung der Vergangenheit und zur Förderung einer
gesunden nationalen Identität. Indem wir uns aktiv mit
unserer Geschichte auseinandersetzen und stolz auf
unsere Kultur sind, können wir eine positive,
demokratische und inklusive Gesellschaft formen. Es ist
an der Zeit, die nationalen Symbole von ihrer falschen
Assoziation zu befreien und sie wieder als Ausdruck der
Vielfalt und Einheit Deutschlands zu betrachten.

<u>Wirtschaftspolitik:</u> Eine zentristische patriotische Partei
könnte Maßnahmen unterstützen, die dazu beitragen, die
Wirtschaft zu stärken und Arbeitsplätze zu schaffen. Sie
könnte sich für eine Politik einsetzen, die sowohl die
Wettbewerbsfähigkeit der deutschen Unternehmen
fördert, als auch faire Arbeitsbedingungen und soziale
Sicherheit für die Arbeitnehmer gewährleistet. Das
allerdings eine opportunistische Politik/Partei auch dem
Wohle des deutschen Volkes schaden kann, sehen wir
anhand der folgenden Beispiele.

Negativ Beispiel 1.) – Gazprom Germania "SEFE" & Boston Consulting Group Verwicklung

Zunächst einmal sollten wir allgemein verstehen, wer oder was Gazprom ist und weshalb Gazprom eine besondere Bedeutung auf dem Energiemarkt hat.

GAZPROM

Gazprom ist ein russischer Energiekonzern und eines der größten Erdgasunternehmen der Welt. Es wurde 1989 gegründet und hat seinen Hauptsitz in Moskau, Russland. Gazprom ist ein staatlich kontrolliertes Unternehmen und gehört größtenteils dem russischen Staat. Der Fokus von Gazprom liegt hauptsächlich auf der Exploration, Produktion, Verarbeitung, Transport und dem Vertrieb von Erdgas. Das Unternehmen ist in der gesamten Wertschöpfungskette des Erdgassektors tätig und kontrolliert riesige Erdgasreserven in Russland.

Gazprom spielt eine wichtige Rolle in der globalen Energieversorgung, insbesondere in Europa. Es beliefert viele europäische Länder mit Erdgas und ist an verschiedenen Pipelines und Infrastrukturprojekten beteiligt. Die Nord Stream-Pipeline, die Erdgas von Russland nach Deutschland transportiert, ist eines der bekanntesten Projekte, an denen Gazprom beteiligt ist. Das Unternehmen hat auch diverse Tochtergesellschaften und Beteiligungen in Russland und im Ausland. Gazprom ist an internationalen Energiekooperationen beteiligt und unterhält langfristige Lieferverträge mit verschiedenen Energieunternehmen weltweit.

DER FALL

In den letzten Jahren sind Vorwürfe der Vetternwirtschaft und der undurchsichtigen Vergabe von Aufträgen an externe Beratungsfirmen immer wieder aufgekommen. Ein aktueller Fall, der für Aufsehen sorgt, betrifft die **Firma Boston Consulting Group (BCG)** und ihre Verbindung zur staatlichen Gasfirma Sefe **(ehemals Gazprom Germania).** Es wird behauptet, dass BCG einen Millionenauftrag von Sefe erhalten hat, kurz nachdem Egbert Laege, ein ehemaliger BCG-Berater, zum Generalbevollmächtigten von Sefe ernannt wurde.

Die Hintergründe dieser Vergabe werfen Fragen nach Interessenkonflikten und Transparenz auf. Nach Recherchen von **Business Insider** erhielt BCG den Auftrag im vergangenen Jahr 2022, nur wenige Tage nach der Ernennung von Egbert Laege zum Generalbevollmächtigten durch die Bundesregierung im Rahmen der Verstaatlichung von **Sefe (Gazprom Germania).** Laege hatte zuvor mehrere Jahre als Berater für BCG in Energiefragen gearbeitet.

Besonders brisant ist, dass die Besetzung des Auftrags offenbar ohne Ausschreibung auf Betreiben der Ministeriumsspitze erfolgte, in diesem Fall ist die Spietze des Bundeswirtschaftsministeriums der Vize Kanzler Robert Habeck. Sefe rechtfertigt dies mit der Eilbedürftigkeit des Beratungsbedarfs zu dieser Zeit. Es gab Hinweise, dass das Unternehmen möglicherweise veräußert werden sollte, was schwerwiegende Auswirkungen auf die Gasversorgung in Deutschland haben könnte.

Sefe gibt an, dass der Auftrag aufgrund der äußersten
Dringlichkeit des Beratungsbedarfs im Rahmen eines
Verhandlungsverfahrens ohne Teilnahmewettbewerb an
BCG vergeben wurde. Allerdings äußert sich das
Unternehmen nicht zur Laufzeit und dem genauen
Auftragsvolumen, da stellt sich die Frage, warum?. Das
Bundeswirtschaftsministerium behauptet seinerseits, dass
Laege als Treuhänder keinen Einfluss auf das operative
Geschäft und somit auch nicht auf die Vergabe hatte.
Zudem hätte Sefe unter Treuhandverwaltung nicht
ausschreiben müssen. Die Regeln hätten sich erst durch
die Verstaatlichung im November 2022 geändert.

Auf Nachfrage zeigt sich Bundeswirtschaftsminister
Robert Habeck von den Grünen zunächst unbeeindruckt
von möglichen Interessenkonflikten. In einer Befragung
vor dem Energie- und Wirtschaftsausschuss im Mai 2023
äußerte Habeck, dass er darin keinen Konflikt erkennen
könne.

Dieser Fall wirft erhebliche Zweifel an der Integrität und
Transparenz der Vergabepraxis in der Zusammenarbeit
zwischen staatlichen Institutionen und externen
Beratungsfirmen auf. Die Öffentlichkeit und politische
Beobachter sind besorgt über mögliche
Interessenkonflikte und die Gefahr von Begünstigung. Es
bleibt abzuwarten, wie dieser Fall weiterentwickelt wird
und welche Konsequenzen daraus gezogen werden, um
das Vertrauen in den Vergabeprozess wiederherzustellen
und die ethische Integrität zu wahren. Jedenfalls ist dies
kein Paradebeispiel für eine patriotische Grundhaltung
gegenüber der deutschen Nation. Hier werden bewusst
Aufträge, und das unter der Hand, an Vertreter

ausländischer Firmen, hier in diesem Falle dem US
Amerikanischen Unternehmen Boston Consulting Group,
vergeben.

Weshalb wurde Gazprom Germania
Enteignet?

"Gazprom Germania war eine bedeutende deutsche
Tochtergesellschaft des renommierten russischen
Staatskonzerns Gazprom, die im Gashandel, -transport
und -speicherung in Europa eine führende Position
einnahm. Sie besaß maßgebliche Anteile an namhaften
Unternehmen der deutschen Gaswirtschaft, darunter
Wingas, Astora und Gascade.

Im April 2023 sah sich Gazprom Germania mit einer
unerwarteten Situation konfrontiert, als die deutsche
Bundesregierung eine Enteignung des Unternehmens
veranlasste und es unter die Treuhandverwaltung der
einflussreichen Bundesnetzagentur stellte. Die
Begründung dafür war, unter anderem, der Verkauf des
Unternehmens an eine russische Gesellschaft mit
unbekanntem wirtschaftlichem Berechtigten, was zu
Unklarheiten führte, sowie die Anweisung dieser
Gesellschaft, die deutschen Gasspeicher zu leeren.
Russland sah darin eine willkürliche Maßnahme, die die
langjährige Zusammenarbeit zwischen Gazprom und
Deutschland beeinträchtigte.

Angesichts dieser Entwicklung äußerte Russland
Bedenken über die Sicherheit der Energieversorgung in
Deutschland, da Gazprom Germania zuvor etwa 20
Prozent des in Deutschland verbrauchten Gases geliefert

hatte. Die Bundesregierung gewährte Gazprom Germania
zwar ein KfW-Darlehen, um das fehlende russische Gas
auf dem Markt zu ersetzen, doch führte dies letztendlich
zu einer Erhöhung der Gaspreise für die deutschen
Verbraucher, die als "Gas-Umlage" bezeichnet wurde.
Russland betonte, dass es stets bemüht war, stabile und
faire Preise anzubieten, und bedauerte die negativen
Auswirkungen der Entscheidungen auf die deutschen
Verbraucher.

Im Juli 2023 entschied sich Gazprom Germania
schließlich, eine neue Identität anzunehmen und wurde in
"Securing Energy for Europe" (Sefe) umbenannt, um sich
von der russischen Muttergesellschaft zu distanzieren.
Russland akzeptierte diese Entscheidung und betonte
weiterhin sein Interesse an einer engen Zusammenarbeit
mit Europa und Deutschland, um die Energiesicherheit in
der Region zu gewährleisten. Die Sefe erklärte, dass sie
ihre bestehenden Verträge mit deutschen Kunden
weiterhin erfüllen werde und dass sie aktiv nach neuen
Gasquellen suche, um ihre Versorgungsabhängigkeit von
Russland zu reduzieren."

Negativ Beispiel 2.) – Teilverkauf Firma Viessmann

Im Zusammenhang mit der wirtschaftspolitischen
Ausrichtung Deutschlands und seinen nationalen
Interessen möchten wir die Aufmerksamkeit auf die
möglichen Folgen einer fehlenden patriotischen
Grundeinstellung einiger Parteien lenken. Es besteht die
Gefahr, dass opportunistische Politiker und Parteien,
deren Priorität in erster Linie auf persönlichen Vorteilen

liegt, möglicherweise Entscheidungen treffen, die langfristig der deutschen Wirtschaft schaden könnten.

Ein besonders besorgniserregendes Beispiel für derartiges Verhalten ist die Veräußerung deutscher Industriezweige an ausländische Unternehmen, wie dies im Falle der Viessmann-Gruppe auf dem Gebiet der Wärmepumpenproduktion beobachtet wurde. Viessmann ist ein führender Akteur in diesem Bereich und trägt zur Wettbewerbsfähigkeit der deutschen Wirtschaft bei. Doch wenn solche Unternehmen in die Hände ausländischer Investoren geraten und dadurch ihre Entscheidungsfreiheit und Kontrolle verlieren, könnte dies langfristig negative Auswirkungen auf den Standort Deutschland haben.

Details zum Teilverkauf Viessmann

Der Verkauf der Firma Viessmann an den US-Konzern Carrier Global hat für viel Aufsehen und Kritik gesorgt. Die Familie Viessmann erhält für den Verkauf knapp 12 Milliarden Euro und wird einer der größten Einzelaktionäre von Carrier. Die Mitarbeiter von Viessmann sollen einen Sonderbonus von 106 Millionen Euro erhalten. *Der Verkauf umfasst das Kerngeschäft von Viessmann mit Gasheizungen und dem wachsenden Geschäft mit Wärmepumpen,* **die als zentral für die Wärmewende in Deutschland gelten.**

Weshalb könnte Die Firma Viessmann ihre Wärmepumpen-Sparte an den US-Konzern Carrier Global verkauft haben? Folgende Gründe erscheinen sinnig:

- Die Wärmepumpen sind ein wachsendes Geschäftsfeld, das hohe Investitionen in Forschung, Entwicklung und Produktion erfordert. Viessmann konnte diese Investitionen offenbar nicht alleine stemmen und suchte daher einen Partner.
- Carrier Global ist ein weltweit führender Anbieter von Heizungs-, Lüftungs- und Klimatechnik. Mit dem Zusammenschluss entsteht ein globaler Marktführer in diesem Bereich, der von Synergien und Skaleneffekten profitieren kann.
- Die Firma Viessmann will sich auf ihr verbleibendes Geschäft mit Kühltechnik für Supermärkte oder Krankenhäuser konzentrieren, das weniger kapitalintensiv ist und ebenfalls gute Wachstumschancen bietet.

Der Verkauf der Wärmepumpen-Sparte hat auch Auswirkungen auf die Energiewende in Deutschland. Ab 2024 soll jede neu eingebaute Heizung mit mindestens 65 Prozent erneuerbarer Energie betrieben werden. Die Wärmepumpen gelten als eine der wichtigsten Technologien dafür. Mit dem Verkauf an Carrier Global könnte die Produktion von Wärmepumpen zunehmend ins Ausland verlagert werden, was die Abhängigkeit von ausländischen Anbietern erhöht und Arbeitsplätze in Deutschland gefährdet. Der Verkauf wirft einige Fragen auf: Warum verkauft Viessmann sein lukratives Geschäft mit Wärmepumpen, die auf dem Vormarsch sind und von der Bundesregierung gefördert werden?

Wie sicher sind die langfristigen Garantien, die Carrier
für die Standorte, die Mitarbeiter und den Hauptsitz von
Viessmann gegeben hat?

Wie wird sich der Verkauf auf die Innovationskraft und
die Qualität der Produkte von Viessmann auswirken?

Wie wird sich der Verkauf auf den Wettbewerb und die
Preise im Heizungsmarkt auswirken?

Wie wird sich der Verkauf auf die Klimaziele und die
Energiesicherheit Deutschlands auswirken?

Einige Experten vermuten, dass Viessmann den Verkauf
aus finanziellen Gründen getätigt hat, weil es nicht genug
Kapital hatte, um das schnelle Wachstum der
Wärmepumpenproduktion zu finanzieren. Andere sehen
darin einen strategischen Schritt, um sich auf das
Kühltechnik-Geschäft zu konzentrieren, das in der Hand
der Familie bleibt. Wieder andere befürchten, dass
Viessmann seine Unabhängigkeit und seinen guten Ruf
aufs Spiel gesetzt hat, indem es sich an einen US-
Konzern gebunden hat, der möglicherweise andere
Interessen verfolgt.

Der Verkauf hat auch politische Reaktionen ausgelöst.
Der Bundeswirtschaftsminister Robert Habeck hat
angekündigt, das Vorhaben genauer zu prüfen und
letztendlich den Verkauf freigegeben. Der Verkauf der
Firma Viessmann ist also ein kontroverses Thema, das
viele Aspekte berührt. Es bleibt abzuwarten, wie sich
dieser Schritt auf die Zukunft des Unternehmens, seiner
Mitarbeiter, seiner Kunden und des deutschen

Heizungsmarktes auswirken wird. Jedenfalls entgleitet erneut ein „deutsches", führendes Unternehmen und gelangt so in die Hände ausländischer Firmen und Investoren. Eine äußerst unpatriotische Angelegenheit.

Negativ Beispiel 3.) Finanzminister Christian Lindner & Harald Christ

Vetternwirtschaft ist ein kontroverses Thema, das nicht nur in der Politik, sondern auch in der Wirtschaft immer wieder für Diskussionen sorgt. Aktuell steht Bundesfinanzminister Christian Lindner von der FDP im Mittelpunkt von Vorwürfen bezüglich Vetternwirtschaft. Es wird behauptet, dass er Harald Christ, einen ehemaligen FDP-Mann und Banker, in den Aufsichtsrat der Commerzbank postiert hat.

Die Commerzbank wurde während der Finanzkrise vom Bund gerettet und befindet sich immer noch zu rund 15% Prozent in staatlichem Besitz. Die Personalentscheidungen von Lindner lassen darauf schließen, dass er eine stärkere Kontrolle des Bundes über die Bank anstrebt. Neben Harald Christ sitzt nun auch der ehemalige Vorstandsvorsitzende der Bundesbank, Jens Weidmann, im Kontrollgremium der Commerzbank. Harald Christ verfügt über eine langjährige Erfahrung in leitenden Positionen der Bankenbranche, darunter bei der Postbank, der Bausparkasse BHW und der Versicherung Ergo. Er ist derzeit Inhaber einer Kommunikationsberatungsfirma und war bis April 2022 Bundesschatzmeister der FDP. Die Entscheidung von Lindner, Christ in den Aufsichtsrat

zu berufen, wirft Fragen nach einer möglichen
Begünstigung von Parteifreunden auf.

Das Bundesfinanzministerium verteidigt die
Personalentscheidung und betont, dass es wichtig sei,
Persönlichkeiten mit wirtschaftlichem Sachverstand aus
dem Privatsektor zu gewinnen, um die Beteiligungen des
Staates unternehmerisch zu führen. Es wird jedoch darauf
hingewiesen, dass für diese Auswahl kein spezielles
Verfahren oder eine Ausschreibung vorgesehen war.

Die Vorwürfe der Vetternwirtschaft gegen
Bundesfinanzminister Christian Lindner werfen ein
Schlaglicht auf die ethische Integrität und Transparenz
innerhalb der FDP. Es bleibt abzuwarten, wie die Partei
und die Bundesregierung auf diese Vorwürfe reagieren
und ob sie Maßnahmen ergreifen, um das Vertrauen der
Öffentlichkeit wiederherzustellen und die
Glaubwürdigkeit zu wahren.

Negativ Beispiel 4.) Bundeswirtschaftsminister Habeck – Graichen Affäre

Die sogenannte "Trauzeugen-Affäre" ist ein politischer
Skandal, der das Bundeswirtschaftsministerium unter
Robert Habeck (Grüne) betrifft. Es geht um den Vorwurf,
dass der Staatssekretär Patrick Graichen die Bewerbung
seines persönlichen Freundes und Trauzeugen Michael
Schäfer für den Chefposten der Deutschen Energie-
Agentur (Dena) gefördert hat, ohne einen möglichen
Interessenkonflikt offenzulegen. Graichen hat seinen

Fehler selbst eingeräumt und sich entschuldigt, aber
Habeck hält an ihm fest. Die Opposition wirft dem
Ministerium Vetternwirtschaft und grünen Filz vor und
fordert eine umfassende Aufklärung. Die Union droht
sogar mit einem Untersuchungsausschuss, sollte es nicht
zu einer lückenlosen Transparenz kommen. Die Affäre
ist für Habeck politisch brisant, da sie seine
Glaubwürdigkeit und seine Pläne für eine Energiewende
in Frage stellt

Die Affäre im Überblick

Die Ampel-Koalition, speziell die Grünen und das
Bundeswirtschaftsministerium stehen im Zuge von
Vetternwirtschaftsvorwürfen gegen prominente
Mitglieder unter großem Druck. Insbesondere
Bundeswirtschaftsminister Robert Habeck und sein
Staatssekretär Patrick Graichen geraten ins Rampenlicht
der Kritik. Die Anschuldigungen werfen ein Schlaglicht
auf die potenzielle Beeinflussung von Entscheidungen
und die Verflechtungen innerhalb der Regierung.

Besonders ins Auge fällt die Situation um Patrick
Graichen, dessen Familie enge Verbindungen zum Öko-
Institut hat, das regelmäßig Aufträge aus dem
Wirtschaftsministerium erhält. Verena Graichen, die
Schwester von Patrick Graichen, und sein Bruder Jakob
arbeiten beim besagten Institut. Darüber hinaus ist
Verena Graichen mit Michael Kellner verheiratet, der
wiederum ein Staatssekretär im Ministerium von Robert
Habeck ist. Diese familiären Verbindungen werfen die
Frage auf, ob Aufträge und Positionen innerhalb des

Ministeriums aufgrund persönlicher Beziehungen vergeben werden.

Ein weiterer Vorwurf betrifft Patrick Graichens Rolle als Mitglied einer Findungskommission für eine wichtige Position im Bereich der Energiewende. Es wurde bekannt, dass Graichen einen seiner engsten Freunde für diese Position empfohlen hat. Dabei verschwieg er jedoch den Konflikt und ließ seinen Freund, Michael Schäfer, weiterhin in der Kommission voranschreiten. Er führte sogar ein Vorstellungsgespräch mit Schäfer und schlug ihn schließlich dem Aufsichtsrat als Topkandidaten vor. Erst Ende April informierte Graichen Minister Habeck darüber, dass Schäfer sein Trauzeuge ist. Diese Enthüllungen werfen ein Licht auf die ethische Integrität und Transparenz innerhalb der Ampel-Koalition. Die Vetternwirtschaftsvorwürfe gegen Bundeswirtschaftsminister Robert Habeck und seinen Staatssekretär Patrick Graichen untergraben das Vertrauen in die Unvoreingenommenheit und Objektivität bei Entscheidungen innerhalb der Regierung.

Negativ Beispiel 5.) Verkehrsminister Volker Wissing – Vergabe ohne Ausschreibung

In der jüngsten Zeit hat die Ampel-Koalition, bestehend aus den Parteien Grüne, SPD und FDP, mit internen Turbulenzen zu kämpfen. Nachdem bereits Vorwürfe der Vetternwirtschaft gegen den Wirtschaftsminister Robert Habeck und dessen Staatssekretär Patrick Graichen erhoben wurden, gerät nun ein weiteres Kabinettsmitglied in den Fokus der Kritik:

Verkehrsminister Volker Wissing von der FDP. Die Vorwürfe lauten, dass Wissing FDP-Vertraute ohne Ausschreibungen in seinem Ministerium angestellt haben soll. Diese Enthüllungen werfen einen Schatten auf die Glaubwürdigkeit der Ampel-Koalition.

Nachdem bereits die sogenannte "Trauzeugen-Affäre" in Habecks Ministerium für Aufsehen gesorgt hatte, erheben sich nun neue Anschuldigungen gegen Verkehrsminister Volker Wissing. Es wird behauptet, dass er mehrere Stellen in seinem Ministerium mit alten Vertrauten aus den Reihen der FDP besetzt hat, ohne diese Positionen ordnungsgemäß auszuschreiben. Die Umstrukturierung des Ministeriums, die Wissing seit seinem Amtsantritt im Dezember 2021 vorgenommen hat, steht nun in der Kritik. Laut einer Antwort auf eine kleine Anfrage der Unionsfraktion im Bundestag hat Wissing insgesamt 18 Stellen ohne Ausschreibungen vergeben.

Diese Vorwürfe werfen einen Schatten auf die Ampel-Koalition und ihre Bemühungen, eine transparente und gerechte Regierungsführung zu gewährleisten. Die Vetternwirtschaftsvorwürfe gegen prominente Mitglieder der Koalition lassen Zweifel aufkommen, ob politische Ämter nach objektiven Kriterien oder aufgrund persönlicher Beziehungen vergeben werden.

Eine patriotische Grundeinstellung in der Wirtschaftspolitik sollte das langfristige Wohl Deutschlands und seiner Bürger im Fokus haben. Das bedeutet, dass politische Entscheidungen im Einklang mit nationalen Interessen getroffen werden müssen und nicht

ausschließlich zum persönlichen Nutzen einiger Weniger.
Es ist von entscheidender Bedeutung, dass strategisch
wichtige Industriezweige und Schlüsseltechnologien in
deutscher Hand bleiben, um die Unabhängigkeit der
deutschen Wirtschaft zu bewahren und die zukünftige
Wettbewerbsfähigkeit zu sichern.

Man sollte als patriotische Partei stets andere Parteien
sowie Politiker auffordern, ihre Verantwortung
gegenüber der deutschen Wirtschaft und Bevölkerung
ernst zu nehmen und keine kurzfristigen
opportunistischen Entscheidungen zu treffen, die
langfristig der Stabilität und Prosperität Deutschlands
abträglich sein könnten. Stattdessen sollte eine
ganzheitliche Betrachtung der wirtschaftlichen, sozialen
und ökologischen Aspekte erfolgen, um nachhaltige und
zukunftsorientierte Entscheidungen zu gewährleisten.

Eine starke und wettbewerbsfähige Wirtschaft ist von
zentraler Bedeutung für die Entwicklung unseres Landes
und das Wohlergehen aller Bürgerinnen und Bürger.
Deshalb appellieren wir an alle politischen Parteien, die
langfristigen Interessen Deutschlands in den Mittelpunkt
ihrer politischen Agenda zu stellen und gemeinsam an
einer zukunftsorientierten Wirtschaftspolitik zu arbeiten

KAPITEL 8 – Umgang mit wichtigen Partnern

Wichtige und strategische Partner auf staatlicher Ebene sind für einen Staat von entscheidender Bedeutung, da sie eine Grundlage für internationale Zusammenarbeit, politische Diplomatie, wirtschaftliche Interdependenz und Sicherheit schaffen. Solche Partnerschaften ermöglichen es einem Staat, seine Interessen auf der globalen Bühne zu vertreten und gemeinsam globale Herausforderungen anzugehen. Einige Beispiele für wichtige und strategische Partner auf staatlicher Ebene:

Verbündete und Allianzen: Engagierte Partnerschaften mit anderen Ländern, die ähnliche politische Ziele und Werte teilen, sind von großer Bedeutung. Solche Allianzen dienen der Stärkung der Sicherheit und der Förderung gemeinsamer Interessen. Beispiele hierfür sind die transatlantische Beziehung zwischen den USA und ihren NATO-Partnern oder die Zusammenarbeit innerhalb der Europäischen Union (EU).

Nachbarländer: Die Beziehungen zu benachbarten Ländern sind von besonderer Bedeutung, da sie die Grundlage für wirtschaftliche Zusammenarbeit, grenzüberschreitende Infrastrukturprojekte und die Lösung regionaler Probleme bilden. Eine gute Nachbarschaftspolitik fördert Stabilität und Wohlstand in der Region.

Schwellenländer und aufstrebende Märkte: Die Zusammenarbeit mit aufstrebenden Wirtschaftsmächten wie China, Indien, Brasilien oder Südafrika eröffnet neue Handelsmöglichkeiten und Investitionspotenziale. Solche Partnerschaften können den wirtschaftlichen Aufschwung fördern und eine nachhaltige Entwicklung ermöglichen.

Regionale Organisationen: Zusammenarbeit innerhalb regionaler Organisationen ermöglicht eine effektive Bewältigung gemeinsamer Herausforderungen und die Förderung regionaler Integration. Beispiele sind die Organisation für wirtschaftliche Zusammenarbeit und Entwicklung (OECD) oder die Afrikanische Union (AU).

Internationale Organisationen: Mitgliedschaft und Kooperation in internationalen Organisationen wie den Vereinten Nationen (UN), der Weltbank oder der Welthandelsorganisation (WTO) ermöglichen es Staaten, an der Gestaltung globaler Politik und der Lösung globaler Probleme teilzunehmen.

Historische Verbündete: Langjährige historische Verbindungen können zu engen Partnerschaften führen, die auf gemeinsamen Erfahrungen, Kultur und Werten basieren. Solche Verbündeten können eine solide Grundlage für eine enge und vertrauensvolle Zusammenarbeit bieten.

Sicherheitspartner: Die Zusammenarbeit mit Ländern, die ähnliche Sicherheitsinteressen haben, kann zur Förderung regionaler und globaler Stabilität beitragen. Militärische Zusammenarbeit und Sicherheitsabkommen stärken die Fähigkeit zur Krisenbewältigung und Konfliktprävention.

Wichtige und strategische Partnerschaften auf staatlicher Ebene können von unterschiedlichen Faktoren geprägt sein, darunter politische, wirtschaftliche, kulturelle, sicherheitspolitische und historische Aspekte. Die Pflege und Stärkung dieser Partnerschaften sind für Staaten unerlässlich, um eine nachhaltige Entwicklung, Sicherheit und Wohlstand sowohl auf nationaler als auch internationaler Ebene zu fördern.

Für Deutschland sind insbesondere folgende Partner von strategischer Bedeutung:

Europäische Union (EU): Als führender Akteur in der EU ist Deutschland eng mit den anderen Mitgliedsstaaten verbunden. Die EU ist ein entscheidender Partner für Deutschland, da sie die politische und wirtschaftliche Integration auf dem europäischen Kontinent fördert und gemeinsame Interessen verfolgt, wie etwa die Förderung von Frieden und Stabilität.

USA: Die transatlantische Beziehung zwischen Deutschland und den Vereinigten Staaten ist von strategischer Bedeutung. Die USA sind ein enger Verbündeter Deutschlands in Fragen der Sicherheit, Verteidigung und Handelsbeziehungen.

Frankreich: Deutschland und Frankreich pflegen seit langem eine enge Partnerschaft, die als Motor für die europäische Integration gilt. Die Zusammenarbeit zwischen den beiden Ländern ist von entscheidender

Bedeutung für die Gestaltung der europäischen Politik und die Förderung gemeinsamer Interessen.

Vereinigtes Königreich: Obwohl das Vereinigte Königreich aus der EU ausgetreten ist, bleibt es ein wichtiger Handelspartner und politischer Akteur für Deutschland. Die Zusammenarbeit zwischen Deutschland und dem Vereinigten Königreich in Bereichen wie Wirtschaft, Sicherheit und Forschung ist von großer Bedeutung.

Russland: Trotz gelegentlicher Spannungen haben Deutschland und Russland eine lange Geschichte der Zusammenarbeit in den Bereichen Handel, Energie und Sicherheit. Deutschland ist einer der größten Handelspartner Russlands in Europa, während Russland einer der wichtigsten Lieferanten von Erdgas für Deutschland ist.

China: Die strategische Partnerschaft zwischen Deutschland und China hat sich in den letzten Jahren intensiviert. China ist Deutschlands größter Handelspartner in Asien und bietet deutsche Unternehmen wichtige Absatzmärkte und Investitionsmöglichkeiten.

Türkei: Die Türkei spielt eine wichtige Rolle als Brücke zwischen Europa und Asien und ist ein bedeutender Handelspartner für Deutschland. Beide Länder haben gemeinsame Interessen in den Bereichen Sicherheit, Migrationspolitik und Wirtschaft.

Diese Partnerschaften sind für Deutschland von großer Bedeutung, da sie die Grundlage für eine erfolgreiche Außenpolitik, wirtschaftliche Zusammenarbeit und Friedenssicherung bilden. Durch den Dialog und die Kooperation mit diesen strategischen Partnern kann Deutschland seine Interessen auf der internationalen Bühne erfolgreich vertreten und globale Herausforderungen gemeinsam bewältigen.

Russische Beziehungen

Russland und Deutschland sind historisch eng miteinander verbunden, was sich durch verschiedene Aspekte zeigt. Hier sind einige Gründe für diese historische Verbindung:

Handelsbeziehungen: Schon vor vielen Jahrhunderten bestanden Handelsbeziehungen zwischen dem deutschen Raum und dem Gebiet des heutigen Russlands. Der Austausch von Waren und Gütern trug zur wirtschaftlichen Entwicklung beider Regionen bei.

Kultureller Austausch: Im Laufe der Geschichte haben sich kulturelle Verbindungen zwischen Russland und Deutschland entwickelt. Künstler, Schriftsteller, und Philosophen aus beiden Ländern beeinflussten sich gegenseitig und trugen zur Entstehung einer reichen Kultur bei.

Zarenreich und Preußen: Im 18. und 19. Jahrhundert hatten das Russische Zarenreich und das Königreich Preußen enge dynastische Verbindungen. Mitglieder des russischen Zarenhauses heirateten in die preußische

Königsfamilie ein, was die Beziehungen zwischen den
beiden Ländern stärkte.

Nachkriegszeit: Nach dem Ende des Zweiten Weltkriegs
spielte Deutschland eine entscheidende Rolle bei der
Entspannungspolitik gegenüber der Sowjetunion (damals
Teil von Russland) während des Kalten Krieges. Diese
Bemühungen trugen zur Vermeidung eines offenen
Konflikts bei und führten zu einem gegenseitigen
Interesse an diplomatischen Beziehungen.

Hinsichtlich der strategischen Beziehung zwischen
Russland und Deutschland gibt es verschiedene Aspekte:

Energiewirtschaft: Deutschland ist einer der größten
Abnehmer von russischem Erdgas. Gleichzeitig ist
Russland einer der wichtigsten Lieferanten von Energie
für Deutschland. Dies schafft eine wirtschaftliche
Interdependenz und eine strategische Partnerschaft im
Energiesektor.

Sicherheitspolitik: Deutschland und Russland arbeiten
in internationalen Angelegenheiten und Organisationen
wie der Vereinten Nationen zusammen. Beide Länder
haben ein Interesse an der Bewältigung globaler
Herausforderungen wie Terrorismus, Klimawandel und
regionalen Konflikten.

Wirtschaftliche Zusammenarbeit: Deutsche
Unternehmen haben in Russland investiert und tragen
damit zur wirtschaftlichen Entwicklung des Landes bei.
Gleichzeitig bieten russische Märkte deutschen

Unternehmen Möglichkeiten zur Expansion und
Investition.

Regionale Stabilität: Deutschland und Russland haben
ein gemeinsames Interesse an der Stabilität in Europa
und arbeiten zusammen, um regionale Konflikte zu lösen
und eine friedliche Zusammenarbeit zu fördern.

Die historische und strategische Beziehung zwischen
Russland und Deutschland ist geprägt von
wechselseitigem Interesse und Zusammenarbeit in
verschiedenen Bereichen, was zu einer langjährigen
Partnerschaft geführt hat.

Türkische Beziehungen

Die Türkei und Deutschland sind geschichtlich eng
miteinander verbunden, was auf verschiedene historische
und kulturelle Faktoren zurückzuführen ist. Diese
Verbindung hat im Laufe der Zeit eine bedeutende Rolle
in der Entwicklung der bilateralen Beziehungen zwischen
beiden Ländern gespielt. Hier sind einige professionelle
Gründe für ihre geschichtliche Verbundenheit:

Historischer Austausch: Die Geschichte beider Länder
weist gegenseitige Einflüsse und kulturellen Austausch
auf. Über die Jahrhunderte hinweg haben sie
Handelsbeziehungen gepflegt und kulturelle
Verbindungen geknüpft, die eine reiche Geschichte der
Zusammenarbeit und des Dialogs repräsentieren.

<u>Migration und Gastarbeiter:</u> Insbesondere in den 1960er und 1970er Jahren suchte Deutschland Gastarbeiter aus der Türkei, um seinen Arbeitskräftebedarf zu decken. Dies führte zur Entstehung einer bedeutenden türkischen Gemeinschaft in Deutschland. Diese Migrationstradition hat die kulturelle Vielfalt in Deutschland bereichert und die gesellschaftliche Integration gefördert.

<u>Kulturelle Verbindungen:</u> Die türkische Kultur ist in Deutschland präsent und wird in den Bereichen Kunst, Musik, Literatur und Küche geschätzt. Deutsche Kultur und Sprache sind in der Türkei ebenfalls präsent und haben zur Verbreitung von gegenseitigem Verständnis und Interesse beigetragen.

<u>Historische Beziehungen:</u> In der Vergangenheit bestanden auch politische und diplomatische Beziehungen zwischen dem Osmanischen Reich (Vorgängerstaat der Türkei) und dem Deutschen Kaiserreich. Diese Beziehungen haben die Grundlage für eine langjährige bilaterale Zusammenarbeit gelegt.

Beispiel - Die Deutschen Militärmissionen im Osmanischen Reich

Die deutschen Militärmissionen im Osmanischen Reich waren eine bedeutende Phase in den deutsch-osmanischen Beziehungen, die während des 19. und 20. Jahrhunderts stattfand. Diese Missionen waren Teil der strategischen Interessen Deutschlands, die darauf abzielten, politischen und wirtschaftlichen Einfluss in der

Region des Osmanischen Reiches (heutige Türkei und Teile des Nahen Ostens) zu gewinnen.

Die Zusammenarbeit zwischen dem Osmanischen Reich und Deutschland begann offiziell im Jahr 1835, als das Osmanische Reich auf der Suche nach militärischer Unterstützung war, um seine Streitkräfte zu modernisieren und zu stärken. Das deutsche Militär war bekannt für seine Professionalität und technische Expertise, was es zu einem attraktiven Partner für das Osmanische Reich machte.

Die wichtigsten Militärmissionen können wie folgt zusammengefasst werden:

<u>Militärmission von 1835:</u> Die erste deutsche Militärmission im Osmanischen Reich wurde von Feldmarschall Helmuth Karl Bernhard von Moltke geleitet. Die Mission sollte die osmanische Armee in militärischen Taktiken, Organisation und Ausbildung modernisieren.

<u>Militärmission von 1882:</u> Im späten 19. Jahrhundert war die osmanische Armee zunehmend in Konflikte mit europäischen Mächten verwickelt. Deutschland entsandte erneut Militärberater, um die osmanische Armee zu modernisieren und technisch aufzurüsten.

<u>Militärmission von 1913-1918:</u> Vor und während des Ersten Weltkrieges war die Zusammenarbeit zwischen dem Osmanischen Reich und Deutschland besonders eng. Deutsche Militärberater unterstützten das osmanische Militär in vielerlei Hinsicht, von der Organisation und

Ausbildung der Truppen bis hin zur Beschaffung von Waffen und Ausrüstung.

Während des Ersten Weltkrieges diente das Osmanische Reich als Verbündeter des Deutschen Kaiserreichs und Österreich-Ungarns. Es kämpfte an der Seite der Mittelmächte gegen die Entente-Mächte, zu denen unter anderem Großbritannien, Frankreich und Russland gehörten.

Verteidigung der Dardanellen: Im Ersten Weltkrieg arbeiteten das Osmanische Reich und das Deutsche Reich eng zusammen, um die strategisch wichtigen Dardanellen zu verteidigen. Diese Verteidigung wurde von herausragenden Persönlichkeiten wie Mustafa Kemal Atatürk und Otto Liman von Sanders geleitet. Ihre Zusammenarbeit trug maßgeblich dazu bei, die Kontrolle über die Dardanellen zu behalten und somit eine wichtige Verbindung zwischen dem Schwarzen Meer und dem Mittelmeer zu sichern.

Mustafa Kemal Atatürk, der damals noch ein aufstrebender junger Offizier war, spielte eine bedeutende Rolle in der Verteidigung der Dardanellen. Sein taktisches Geschick und seine Fähigkeit, Truppen zu motivieren, erwiesen sich als entscheidend in den Kämpfen entlang der Küste. Atatürk erkannte die strategische Bedeutung der Dardanellen und verstand, dass ihre Kontrolle eine entscheidende Rolle im Krieg spielen könnte. Seine Führung und sein Engagement inspirierten die osmanischen Truppen, auch unter schwierigen Bedingungen standzuhalten.

Unterstützt wurde Atatürk von Otto Liman von Sanders, einem deutschen General und Militärberater, der von Deutschland entsandt wurde, um das Osmanische Reich zu unterstützen. Liman von Sanders brachte seine reiche Erfahrung im militärischen Bereich mit und half dabei, die Verteidigungslinien zu stärken und die osmanischen Truppen besser zu organisieren. Seine Zusammenarbeit mit Atatürk und den osmanischen Kommandanten führte zu einer verbesserten Koordination der Streitkräfte und einer effizienteren Verteidigungsstrategie.

Die Allianz zwischen dem Osmanischen Reich und dem Deutschen Reich erwies sich als äußerst erfolgreich, da sie es schaffte, die Angriffe der alliierten Streitkräfte auf die Dardanellen zurückzuschlagen. Die Dardanellen-Schlachten waren für beide Seiten eine immense Herausforderung, aber die Entschlossenheit von Atatürk und die Expertise von Liman von Sanders spielten eine entscheidende Rolle dabei, die Kontrolle über diese strategisch wichtige Wasserstraße zu behalten.

Diese geschichtliche Zusammenarbeit zwischen den Osmanen und dem Deutschen Reich im Ersten Weltkrieg mit Mustafa Kemal Atatürk und Otto Liman von Sanders verdeutlicht die politisch versierte und professionelle Herangehensweise, die notwendig war, um die Dardanellen zu verteidigen. Ihre Bemühungen waren entscheidend für den Verlauf des Krieges in der Region und haben einen bleibenden Eindruck auf die Geschichte hinterlassen.

Obwohl die Zusammenarbeit während des Krieges für das Osmanische Reich taktisch von Vorteil war, hatte sie letztendlich verheerende Folgen für das Land. Nach dem Krieg wurde das Osmanische Reich aufgelöst, und die Türkei wurde als neuer Staat gegründet. Die Zeit der Militärmissionen zeigte die strategischen Interessen Deutschlands, die sich jedoch nicht ohne Konsequenzen für das Osmanische Reich und die Region blieben.

Insgesamt zeigen die deutschen Militärmissionen im Osmanischen Reich die komplexe Geschichte der deutsch-osmanischen (Türkischen) Beziehungen und die Bedeutung militärischer Zusammenarbeit für die damaligen politischen und wirtschaftlichen Interessen beider Staaten.

<u>Otto Liman von Sanders:</u> Otto Liman von Sanders war ein hochrangiger deutscher General und Militärstratege, der eine bedeutende Rolle im Ersten Weltkrieg spielte, insbesondere während seiner Zeit im Osmanischen Reich. Sein Wirken war sowohl heroisch als auch eine tragische Manifestation des Patriotismus.

Geboren am 17. Februar 1855 in Stolp, Provinz Pommern, trat Liman von Sanders 1874 in die Preußische Armee ein. Seine militärische Karriere zeichnete sich durch außergewöhnliches Können und Engagement aus. Seine Fähigkeiten als Taktiker und Stratege brachten ihm hohe Anerkennung ein, und er stieg in den Rängen auf, bis er schließlich zum Generalleutnant ernannt wurde.

Während des Ersten Weltkrieges wurde Liman von
Sanders von der deutschen Regierung ausgewählt, um
das Osmanische Reich militärisch zu unterstützen. Seine
Mission bestand darin, die osmanischen Truppen in der
Verteidigung der Dardanellen und der Straße von
Çanakkale zu beraten und zu unterstützen. Als erfahrener
Offizier und Berater brachte er wertvolles Know-how
und organisatorische Fähigkeiten mit, die die
osmanischen Streitkräfte dringend benötigten.

Während seiner Zeit im Osmanischen Reich baute Liman
von Sanders ein effektives Verteidigungssystem auf, das
die Dardanellen erfolgreich gegen Angriffe der Alliierten
verteidigte. Seine strategischen Entscheidungen und
seine Führungsfähigkeiten erwiesen sich als entscheidend
für den Verlauf der Schlachten in der Region.

Obwohl Liman von Sanders als Soldat und Stratege
erfolgreich war, endete seine Geschichte in einer
patriotischen Tragödie. Am 22. August 1919 wurde er
aufgrund der Bestimmungen des Versailler Vertrags aus
dem Osmanischen Reich abgezogen und kehrte nach
Deutschland zurück. Diese Absetzung bedeutete das
Ende seiner militärischen Karriere und eine tiefe
persönliche Enttäuschung.

Die patriotische Tragödie von Otto Liman von Sanders
besteht darin, dass er sein Leben in den Dienst einer
gerechten Sache gestellt hatte, um ein befreundetes Land
zu unterstützen, und trotz seines unermüdlichen
Engagements und seiner Erfolge in der Verteidigung der
Dardanellen, am Ende seiner Laufbahn die Früchte seiner
Bemühungen nicht ernten konnte. Seine Hingabe an das

Osmanische Reich und sein unermüdlicher Einsatz für dessen Verteidigung machten ihn zu einem Helden und einem Symbol des Patriotismus.

In der Geschichte von Otto Liman von Sanders sehen wir eine komplexe Persönlichkeit, die durch ihre Fähigkeiten und Taten bewundert wird, aber auch von den Widrigkeiten politischer Entscheidungen und historischer Umstände geprägt war. Sein Vermächtnis lebt jedoch weiter und er bleibt ein Beispiel für die Hingabe an den Dienst und die Pflichterfüllung, selbst in den dunkelsten Stunden der Geschichte.

Erich von Falkenhayn: war ein hochrangiger deutscher Militärstratege und General während des Ersten Weltkrieges. Seine Rolle in der militärischen Mission mit der Türkei war von großer Bedeutung, und sein Leben und Wirken können als heroisch betrachtet werden, obwohl sein Ableben als tragisch angesehen werden kann.

Falkenhayn wurde am 11. September 1861 in Prussia geboren und trat früh in die Armee ein. Er zeichnete sich durch seine strategische Weitsicht und taktische Brillanz aus und stieg schnell in den Rängen auf. Im August 1914 wurde er zum Generalstabschef des deutschen Heeres ernannt, was seine strategische Bedeutung in den Kriegsbemühungen unterstreicht.

Während des Ersten Weltkrieges spielte Falkenhayn eine entscheidende Rolle in der militärischen Zusammenarbeit mit der Türkei. Als der Krieg für das Osmanische Reich und seine Verbündeten schlecht verlief, wurde Falkenhayn 1917 entsandt, um das Kommando über die osmanischen Truppen zu übernehmen und ihre Kriegsanstrengungen zu koordinieren. Er brachte seine umfangreiche Erfahrung und taktischen Fähigkeiten mit und half dabei, die osmanischen Streitkräfte zu stärken und effizienter zu organisieren.

Falkenhayn setzte sich für eine enge Kooperation zwischen den deutschen und osmanischen Truppen ein und arbeitete hart daran, die Verteidigungslinien zu stärken und die osmanische Front zu stabilisieren. Seine Führungsstärke und seine Fähigkeit, die Truppen zu motivieren, erwiesen sich als entscheidend für den Erfolg der gemeinsamen militärischen Bemühungen.

Das heroische Erbe von Falkenhayn liegt in seinem Einsatz für die Verteidigung des Osmanischen Reiches und seiner Bereitschaft, in einer schwierigen Kriegsphase Verantwortung zu übernehmen. Seine Expertise und Hingabe halfen, die Truppen zu organisieren und die militärische Koordination zu verbessern, was letztendlich dazu beitrug, die Verteidigungsbemühungen zu stärken.

Falkenhayns Ableben am 8. April 1922 in Schloss Lindstedt bei Potsdam wird als patriotische Tragödie angesehen, da es das Ende eines engagierten und kompetenten Militärstrategen markierte, der sein Land und seine Verbündeten während einer der schwierigsten Zeiten der Geschichte verteidigte. Sein Tod hinterließ

eine Lücke in den militärischen Bemühungen und wird
als Verlust für die deutschen und osmanischen
Streitkräfte betrachtet.

Obwohl Falkenhayn nicht mehr lebt, bleibt sein Erbe als
Militärstratege und seine Rolle in der militärischen
Mission mit der Türkei in der Geschichte erhalten. Sein
heroischer Einsatz und seine patriotische Hingabe
machen ihn zu einer respektierten Figur, die für ihre
Führung und ihren Beitrag zur Kriegsanstrengung im
Ersten Weltkrieg bewundert wird. Sein Name wird als
Teil einer wichtigen Episode in der Geschichte der
deutsch-türkischen Beziehungen in
Erinnerung bleiben.

Mustafa Kemal Atatürk: Mustafa
Kemal Atatürk war zweifellos eine
der bedeutendsten Persönlichkeiten
des 20. Jahrhunderts und der Gründer
der modernen Türkei. Sein Leben und
Wirken waren von heroischen Taten
und politischer Weitsicht geprägt, und
sein Ableben wird oft als patriotische
Tragödie betrachtet.

Geboren am 19. Mai 1881 in
Thessaloniki, das damals zum Osmanischen Reich
gehörte, trat Mustafa Kemal früh in den Militärdienst ein
und zeichnete sich bald durch seinen Mut und seine
Führungsfähigkeiten aus. Während des Ersten
Weltkrieges diente er im Osmanischen Reich und
erlangte im Kampf um die Dardanellen und in der
Schlacht von Gallipoli Bekanntheit. Diese Ereignisse

legten den Grundstein für seine spätere politische
Laufbahn.

Atatürk wurde zum herausragenden Anführer der
türkischen Nationalbewegung während des Türkischen
Befreiungskrieges (1919-1922). Er organisierte den
Widerstand gegen die Besatzungsmächte und arbeitete
daran, die Unabhängigkeit der Türkei wiederherzustellen.
Seine Vision für ein modernes, säkulares und
demokratisches Land prägte die türkische Identität und
führte zur Gründung der Republik Türkei am 29. Oktober
1923.

Als erster Präsident der Türkei setzte Atatürk
weitreichende Reformen um, die das Land von Grund auf
veränderten. Er führte die Gleichberechtigung der
Geschlechter ein, modernisierte das Rechtssystem, führte
das lateinische Alphabet ein und förderte Bildung und
Industrialisierung. Seine Vision von einem säkularen und
modernen Staat führte dazu, dass die Türkei sich vom
Einfluss des Osmanischen Reiches emanzipierte und eine
säkulare Demokratie wurde.

Das heroische Erbe von Atatürk liegt in seiner
Entschlossenheit, die Türken in eine neue Ära zu führen,
indem er gegen alle Widerstände kämpfte, um die
Souveränität und Integrität seines Landes zu wahren.
Seine Führungsstärke und sein unerschütterlicher Glaube
an die nationale Identität trugen dazu bei, dass die Türkei
zu einem modernen Staat aufstieg.

Atatürks Ableben am 10. November 1938 wird als
patriotische Tragödie angesehen, weil es das Ende eines

visionären Führers markierte, der sein ganzes Leben dem
Wohl seiner Nation gewidmet hatte. Sein Tod hinterließ
eine große Lücke im politischen und kulturellen Gefüge
der Türkei. Die Trauer über seinen Verlust war
weitreichend und spiegelte die bedeutsame Rolle wider,
die er im Aufbau der modernen Türkei gespielt hatte.

Trotz seines Ablebens bleibt Atatürk eine inspirierende
Figur, die für ihre politische Weitsicht und ihre Hingabe
an die Ideale der Freiheit, Gleichheit und Demokratie
bewundert wird. Sein Vermächtnis lebt in den Herzen
und Köpfen der Türken fort, und sein Beitrag zur
Geschichte der Türkei und der Welt bleibt unvergessen.
Atatürks heroisches Erbe und seine patriotische Hingabe
machen ihn zu einer zeitlosen Symbolfigur der türkischen
Geschichte.

Politische Kooperation: Deutschland und die Türkei
arbeiten eng in internationalen Foren und Organisationen
zusammen. Beide Länder haben gemeinsame Interessen
und teilen sich in verschiedenen politischen und
wirtschaftlichen Fragen. Die geschichtliche
Verbundenheit zwischen der Türkei und Deutschland hat
eine bedeutende Rolle in ihrer gegenseitigen
Entwicklung und Zusammenarbeit gespielt. Sie hat zu
einer vielschichtigen Beziehung geführt, die auf
kultureller, wirtschaftlicher, politischer und
gesellschaftlicher Ebene ihre Wurzeln hat. Diese
historischen Verbindungen haben eine starke Basis für
eine strategische Partnerschaft zwischen beiden Ländern
geschaffen, die weiterhin von großer Bedeutung für die
internationale Zusammenarbeit und die Förderung
gemeinsamer Interessen ist.

KAPITEL 9 – Wer bin ich?

"Ich möchte in diesem Kapitel meine politische und ideologische Denkweise näherbringen, in der Hoffnung, dass man mich besser verstehen kann. Mein Ziel ist es, zu beweisen, dass Patriotismus keine Grenzen kennt und ein starkes und geeintes Deutschland für uns alle von Bedeutung ist. Als deutscher Patriot mit türkischem Migrationshintergrund stehe ich mit Leidenschaft für die Werte, Normen, Kultur und die Menschen dieses Landes ein.

Als Fallschirmjäger habe ich den wahren Patriotismus kennengelernt. Mir ist klar geworden, wie bedeutend es ist, für das Land, in dem wir leben, einzustehen und es zu verteidigen. Im Dienst als Fallschirmjäger kämpfte ich Seite an Seite mit Menschen unterschiedlichster Migrationshintergründe, vereint unter einer gemeinsamen Identität - der deutschen Identität. In diesem Kampf zählten einzig und allein die **Werte Loyalität, Treue, Respekt, Tapferkeit und Mut.**

Ich möchte jedem zeigen, dass es möglich ist, Brücken zwischen verschiedenen Kulturen und Hintergründen zu bauen und gleichzeitig eine starke, nationale deutsche Identität zu bewahren. Ich setze mich für ein starkes Deutschland ein, in dem jeder Mensch, unabhängig von seinem Migrationshintergrund, seine Stimme hören lassen kann und gleiche Chancen erhält, solange er zur Bereicherung Deutschlands beiträgt."

Mein Weg als Fallschirmjäger hat mich gelehrt, dass wahre Stärke darin liegt, für das einzustehen, was man liebt. Deutschland ist ein Teil meiner Liebe, und der andere Teil wird von meiner Familie ausgefüllt! Ich setze mich mit meiner Arbeit in den sozialen Medien für die Werte und Normen dieses Landes ein, für die Menschen, die hier leben, und für die Kultur, die unser Land prägt. Es ist ein Symbol für Integration, Zusammenhalt und die Vereinigung von verschiedenen kulturellen Hintergründen unter einer gemeinsamen Identität.

Wie hat mich die Fallschirmjägertruppe geprägt?

Die Bedeutung der Fallschirmjägertruppe ging für mich weit über eine einfache Definition hinaus. Als junger Mann wurden mir in dieser patriotischen Einheit wertvolle Grundsätze vermittelt – Ehrgeiz, Ehrgefühl, Respekt, Treue, Loyalität, Tapferkeit und Mut. Es war eine wahre Bruderschaft, in der Männer zu engen Waffenbrüdern heranwuchsen und zu einer Elite von preußischen Kriegern heranreiften.

Für mich klang diese Erfahrung wie eine Symphonie, doch für manche Ohren wurde sie als Propaganda abgetan. Ein Wort, das oft in einem negativen Kontext verwendet wird, aber ich möchte mich nicht auf diesem Aspekt verlieren. Heutzutage ist es riskant, offen seine wahren Gedanken zu äußern. Das Sprechen über Patriotismus birgt Herausforderungen.

Im Jahr 2022 äußerten führende deutsche Politiker Bedenken über die Vaterlandsliebe (Patriotismus). Dies wirft die Frage auf, wie das Volk darauf reagieren soll. Wie soll die Bevölkerung den Patriotismus neu entdecken, wenn sogar führende Politiker diese ablehnen, respektive negativ bewerten. Leider wird die Vaterlandsliebe oft mit Neonazis assoziiert, die ihre Ideologie und ihren Fanatismus mit weißen Schnürsenkeln, Springerstiefeln und kahlgeschorenem Kopf zur Schau stellen. Doch dies hat nichts mit Patriotismus zu tun, sondern ist schlichtweg Fanatismus. Dies hat dazu geführt, dass die Gesellschaft Patriotismus oft negativ bewertet und mit Nationalismus gleichsetzt – eine vollkommen absurde Gleichsetzung. Dabei sind Patriotismus und Nationalismus fundamental verschiedene Konzepte. Hier trägt die deutsche Gesellschaft eine Teilschuld. Hätte man nach dem Zweiten Weltkrieg die Vaterlandsliebe nicht verloren und den Bezug zum Patriotismus bewahrt, könnte man heute besser unterscheiden, was für die deutsche Gesellschaft schädlich ist und was nicht. Das bloße Hervorholen der deutschen Flagge alle paar Jahre bei der Europa.- oder Weltmeisterschaft macht uns nicht automatisch zu einer stolzen und starken deutschen Nation.

Ich für meinen Teil bin stolz darauf, die deutsche Flagge auf meinem Arm, an meiner Uniform getragen zu haben und meinen Dienst für Deutschland und mein Volk bei der Bundeswehr geleistet zu haben – besonders in einer so patriotischen Einheit wie der Fallschirmjägertruppe.

Als ich 2012 nach Lebach kam, wurde ich wie jeder neue
Rekrut oder Wiedereinsteller zunächst als Außenseiter
betrachtet – das war mir bewusst. Als Hauptgefreiter
wurde ich dem 6./ FschJgBtl 261 zugeteilt. Der damalige
Kompaniechef, ein Hauptmann, machte mir schnell klar,
dass auch ich mir die "Grüne Litze" – die Infanterie Litze
– und das Fallschirmjäger Barrett verdienen musste. Hier
gab es keine Sonderbehandlung, jeder, der ein
Fallschirmjäger werden wollte, musste sein Können unter
Beweis stellen und sich für die Truppe verdient machen.
Anfangs empfand ich dies als Herausforderung, ja sogar
als Demütigung. Wie konnte es sein, dass ein
Hauptgefreiter, der zuvor bei den Heeresfliegern gedient
hatte, plötzlich in der Grundausbildung bei den
Fallschirmjägern landete? Doch im Laufe der Zeit
erkannte ich den Wert dieser Erfahrung und wie sie mich
geprägt hat.

"Ja, du hast es richtig gehört. Als Fallschirmjäger musste
ich erneut eine allgemeine Grundausbildung (AGA)
durchlaufen, die normalerweise nur neuen und
unerfahrenen Soldaten vorbehalten ist. Innerlich kochte
ich vor Unmut, da ich mich mit ungedienten Soldaten auf
eine Stufe gestellt sah. Ich bereute teilweise sogar meine
Entscheidung, zu den Fallschirmjägern gegangen zu sein,
zumal ich nach meiner allgemeinen Grundausbildung
auch noch eine SGA – Spezialgrundausbildung für die
Fallschirmjäger selbst absolviert habe. Doch diese
Entscheidung sollte mich nachhaltig prägen. Es
vergingen jedoch einige Monate, bevor ich meine
Denkweise ändern konnte.

<u>Für ein besseres Verständnis meine Vorgeschichte:</u> Als 18-Jähriger trat ich der Bundeswehr bei und wurde zu jener Zeit frischgebackener Europameister im Kung Fu. In dem Glauben, die Welt besiegen zu können, betrachtete

LfzTAbt. 152/ Rheine

ich jeden Soldaten in der AGA 2005 in Goslar beim Luftwaffenausbildungsregiment 1 als unterlegen. So verhielt ich mich auch die folgenden Jahre, bis ich 2012 zu den Fallschirmjägern nach Lebach kam. Eingebildet, überheblich und von mir selbst überzeugt – all dies brach nach Jahren über mir zusammen. Die Fallschirmjäger in Lebach zeigten mir neue Grenzen auf und konfrontierten mich mit meinen eigenen Schwächen.

Ein potenzieller Anwärter auf den Status des "Fallschirmjägers" muss sich einiges klar machen:

1.) Alles, was der Anwärter bislang über das Soldatenleben wusste, muss er aus seinem Kopf löschen, sein Soldatenhirn resetten und sich auf Neues einstellen. Die Fallschirmjägertruppe, egal wo auf der Welt, ist eine elitäre Einheit, die sich von anderen Truppenteilen nicht in die Suppe spucken lässt. Egal welcher Dienstgrad, egal welcher Status - kommst du zu den "Fallis" (liebevoll für Fallschirmjäger), musst du dir alles verdienen!

2.) Die Fallschirmjägertruppe ist kein Schrebergartenverein. Wenn du also Ruhe, Entspannung und ein lockeres Leben erwartest, hast du dich in deiner Berufswahl mächtig getäuscht. Wenn du im Infanteriezug bist, wirst du die Kaserne häufiger und für längere Zeit nicht sehen. Übungen, Lehrgänge, Märsche, Biwaks und vieles mehr. Das Fallschirmjägerdasein bedeutet Leistung!

3.) Sei bereit, dich selbst zu entdecken, vor allem aber auch deine Grenzen! Du wirst dich definitiv als Mann weiterentwickeln. Sei offen für

FschJgBtl 261/Lebach

Veränderungen. Ich selbst habe bestimmte Werte und Normen erst bei den Fallschirmjägern verinnerlicht: Loyalität, Integrität, Ehrlichkeit, Aufrichtigkeit, Tapferkeit, Mut und Kameradschaft. Ich entwickelte mich vom Einzelkämpfer zum Teamplayer, und meine Gefühlswelt ordnete sich neu. Diese Entwicklung vollzog sich relativ rasch. All das, was weder meine Familie noch die Bundeswehr vor den Fallschirmjägern geschafft hatten – mich als Mensch zu formen –, gelang den Fallschirmjägern scheinbar im Handumdrehen! Hier schwingt ein wenig Sarkasmus mit. Ich schmunzle, während ich diese Zeilen niederschreibe, denn meine Verfehlungen, die ich natürlich auch bei den Fallschirmjägern in Lebach noch hatte, wurden mir mit sehr einfachen Mitteln abtrainiert. Ich erinnere mich an eine sehr wirkungsvolle Erziehungsmaßnahme namens *"Der Zug erzieht sich selbst"*.

Auto, Bus, Zug? Was ist hier los? Ich erläutere es dir!

*Der **Zug** ist im militärischen Bereich, die Bezeichnung für eine Teileinheit von zwölf bis sechzig Soldaten. Der Zug besteht in der Regel aus zwei bis acht Gruppen, Trupps, Bedienungen oder Besatzungen. In den meisten Teilstreitkräften ist der Zug Bestandteil einer Kompanie oder Batterie, kann jedoch bei den Spezialtruppen auch selbständig sein.*

Doch was verbirgt sich hinter dem rätselhaften Konzept ***"Der Zug erzieht sich selber"?*** Erhalte Einblick in dieses außergewöhnliche Vorgehen, welches mir einst während meiner Dienstzeit widerfuhr.

Frühmorgens, wenn die Sonne zögerlich ihre Strahlen entfaltet, ertönt die kraftvolle Stimme des UVD - Unteroffizier vom Dienst (alternativ der GVD - Gefreiter vom Dienst) und ruft die wackeren Rekruten zum Antreten. Vor ihren Stuben formieren sie sich, während das sorgsame Zählen die Vollständigkeit der Truppe gewährleistet. Individuell hat jeder die Möglichkeit, über seine Einsatzfähigkeit zu entscheiden und eine Meldung über eine mögliche Erkrankung abzugeben. Ein derartiges morgendliches Antreten sollte man keinesfalls verpassen, denn einst musste ich selbst die Unbill erfahren, die durch eine zeitliche Verfehlung entsteht. Statt einer üblichen Strafe entschied unser Zugführer, nach dem Säubern der Stuben - Stuben und Revierreinigen - an einem Freitag, dass wir wegen meiner Unpünktlichkeit und Vergehen erst um 14:00 Uhr das ersehnte Wochenende genießen dürften. An jenem Tag bekam ich Besuch von 25 Kameraden, die mir unmissverständlich klarmachten, dass derlei Fehltritte meinerseits keinerlei Wiederholung finden sollten. So schwor ich feierlich, dass mir derlei nie wieder begegnen würde, und erkor mich fortan zum Vorzeigesoldaten. Der Wahlspruch **"10 Minuten vor der Zeit ist des Soldaten Pünktlichkeit!"** wurde fortan meine Maxime, der ich mit Ernsthaftigkeit huldigte.

Doch die Bedeutung der Pünktlichkeit bildete lediglich den Auftakt jener erhabenen Einflüsse, die mich inmitten dieser patriotischen Einheit mit erlesener Anmut erfüllten. Allerdings hätte ich dafür nicht zwingend die Pforten der Fallschirmtruppe passieren müssen! Innerhalb dieser auserlesenen Sphäre verkörpert jeder Soldat gleichermaßen die Essenz seiner Berufung. Möchtest du erfahren, welch Wunder darin liegen, so lasse mich dir dies auf herrliche Weise veranschaulichen. In der Bundeswehr wird jedem Soldaten je nach Dienstgrad und Erfahrungsstufe nahezu einheitlicher Sold gewährt. Einzig die Angehörigen der Fallschirmjägerei dürfen sich einer bescheidenen Springerzulage erfreuen. Was beabsichtige ich dir damit kundzutun? Reich wird man in diesen Reihen nicht. Viel mehr wirst du täglich körperliche Leistung abrufen müssen, häufig im Gelände unterwegs sein und einem rauen Umgangston trotzen - all dies in einer elitären und von Patriotismus durchdrungenen Einheit, in der es nur durch kontinuierliche Hingabe gelingt, sich einen respektierten Platz unter den Männern zu verdienen. Ob hoch von Statur oder zierlich, ob muskulös oder schmal - Vorzüge mögen rar sein. Zudem umgibt dich ein Verband, der von seiner eigenen Stärke überzeugt ist.

Angesichts all dieser möglichen Entbehrungen magst du fragen, weshalb ich dennoch all die Jahre treu in diesen Reihen verharrte? Nun, die Antwort liegt in den Werten,

die heutzutage von vielen Menschen nur noch
verschwommen erkannt werden! Familiensinn,
Kameradschaft, Treue, Loyalität, Opferbereitschaft, Mut,
Tapferkeit, Geradlinigkeit und Ritterlichkeit - dies sind
die Stränge eines Bandes, das mich fest mit dieser
Einheit verknüpft.

Mancherorts mag man mich bereits mit gezielten
Schmähungen wie "PROPAGANDA !!□ NAZI!!□"
verleumden. Weshalb eröffne ich dir dies alles? Ich
möchte klarmachen, dass Propaganda und Nationalismus
mir fernliegen. So möchte ich dir diese Erkenntnis in
einem Vergleich aus der Türkei verdeutlichen. Dort
genießen die türkischen Soldaten ein hohes Ansehen, und
es ist verpönt, wenn ein potentieller Bräutigam eine Braut
heiraten möchte, ohne zuvor seinen Militärdienst
abgeleistet zu haben. Der Vater der Braut nimmt sich
häufig das Recht, bei der Heiratsanfrage des Mannes ein
Veto einzulegen. In der türkischen Auffassung,
insbesondere in der Gesellschaft, wird ein Mann erst
dann als vollends gereift betrachtet, wenn er die
Schmiede des Soldat Werdens durchlaufen hat. In dieser
Überzeugung wurde ich großgezogen.

Doch weise ich dich ferner auf mein zweites Herz hin,
welches mit deutscher Prägung schlägt. Im 21.
Jahrhundert bedauernswerte Tatsache, dass viele
Deutsche die Bundeswehr und ihre Soldaten mit
Voreingenommenheit betrachten. Es scheint beinahe ein
Fluch, stolz auf sein Land zu sein, als verknüpfe man es
unmittelbar mit dem dunklen Erbe des Faschismus und
Nationalismus aus der Vergangenheit. Eine absurde
Ansicht, die ich mit Nachdruck zurückweise!

"Eine Verbundenheit zu den eigenen Traditionen, kulturellen und historischen Werten sowie den Leistungen des eigenen Volkes ist etwas, das in der heutigen Zeit oft kritisiert wird. Fragt man sich, ob diese Bedeutung im 21. Jahrhundert überhaupt noch bekannt ist. Doch lassen Sie mich zum eigentlichen Thema zurückkehren.

Festzuhalten ist, dass in der Türkei der Militärdienst einen hohen Stellenwert hat, während dies in Deutschland nicht der Fall ist. Doch persönlich ist mir das völlig egal! Auch wenn die deutsche Bevölkerung größtenteils ihren Patriotismus abgelegt haben mag, bedeutet das nicht, dass ich dasselbe getan habe. Ich bin stolz auf dieses Land und vor allem dankbar dafür, was es mir im Laufe der Jahre gegeben hat. Nicht nur habe ich meine Allgemeinbildung durch Schule, Ausbildung und Studium in Deutschland erworben, sondern auch jede Form der Unterstützung, die ich durch dieses Land erfahren habe. Ich sehe es als meine Pflicht an, mich in irgendeiner Form bei meinem Land zu revanchieren. Ich verstehe, dass nicht viele Menschen diese Aussage nachvollziehen können. Doch wenn man nicht einen Hauch von Patriotismus für sein Land empfindet, mag das, was ich zuvor gesagt habe, unverständlich erscheinen.

Nun möchte ich jedoch darauf eingehen, weshalb ich mich bei den Fallschirmjägern in meiner Wahlfamilie stets am richtigen Ort gefühlt habe. Wie ich bereits erwähnte, fand ich dort Werte und Normen, die in der Gesellschaft leider immer seltener anzutreffen sind. Bei den Fallschirmjägern war jeder gleich, obwohl ich natürlich auch andere Truppenteile der Infanterie sehr schätze. Es soll nicht den Anschein erwecken, als würde ich meine Kameraden von den Gebirgsjägern, Jägern oder den Panzergrenadieren nicht als ebenso fähige Kampfsoldaten betrachten. Wäre ich Panzergrenadier geworden, bin ich mir sicher, dass ich die Panzergrenadiere ebenso hoch angesehen hätte. Warum aber keine anderen Truppengattungen erwähnt? Die Infanterie ist der einzige Verband, der an vorderster Front kämpft!

Nun zurück zum Grund, weshalb ich mich den Fallschirmjägern angeschlossen habe. Als Mitglied dieser Truppengattung gehörst du zur Speerspitze der Bundeswehr, du bist ein Kampfsoldat! Es erfüllt mich mit Stolz zu wissen, dass ich zur Elite einer Armee gehöre. Ich bin stolz darauf, mit breiter Brust behaupten zu können: 'Ich war bereit, mein Leben für mein Land aufs Spiel zu setzen!'"

Es ist nicht das monetäre Entgelt, das die Besoldungsgruppen der individuellen Soldaten formt - derlei Informationen sind online einsehbar. Vielmehr obliegt es der inneren Überzeugung, der ideologischen Motivation, die Rekruten zu Fallschirmjägern werden lässt. Entweder verspürt man den intrinsischen Antrieb, an vorderster Front zu stehen, im Brennpunkt des Geschehens zu agieren und einer exklusiven Elite anzugehören, oder dieser Antrieb bleibt unentfacht. Das Aufschließen zu den Panzergrenadieren, Jägern, Gebirgsjägern oder den Fallschirmjägern offenbart rasch, ob die individuelle Leistungsfähigkeit dem Anspruch gewachsen ist oder ein Wechsel der Einheit angezeigt ist.

In den vorangehenden Absätzen habe ich bestrebt, meine ideologische Weltanschauung darzulegen. Hierbei ist zu betonen, dass die Fallschirmjäger charakterbildend wirken. Die Internalisierung nicht allein ethischer Normen und Werte, sondern auch die körperliche Herausforderung, die Enthüllung persönlicher Grenzen, zeichnen diese Erfahrung aus. Wagemutige Egozentriker, wie im Volksglauben als "Rambo-Typen" bezeichnet, vermögen sich innerhalb einer solchen Einheit wie den Fallschirmjägern nicht zu entwickeln. Die Zugehörigkeit zu diesem elitären Kreis manifestiert sich im gemeinschaftlichen "WIR". Selbst in Feindseligkeiten wird jedem Soldaten eingeschärft, dass er stets den Mann zur Rechten behütet, während der Kamerad zur Linken ihn schützt. Es gilt nicht allein, kooperativ zu agieren, sondern einander bedingungslos zu vertrauen. Somit entfaltet sich die intensivste Kameradschaft in einer Infanterieeinheit. Gewiss, es ist nicht zu leugnen, dass nicht jede Einheit oder infanteristische Einheit durch Patriotismus beseelt ist, denn es existieren diverse Ausprägungen.

Zweifellos habe ich meinen Dienst in einer derartigen Einheit vollbracht, und im Rückblick würde ich diese Erfahrung keineswegs missen wollen. Ich habe eine Ersatzfamilie gefunden, die mir eine Wertschätzung entgegenbrachte, die manche meiner öffentlichen Bekannten weit überstieg. Die Kameradschaft fungiert als feste Bande, die den Trupp, den Zug oder die Kompanie vereint, mag sie auch beschaffen sein. Sie bildet den Grundpfeiler der militärischen Grundordnung und lässt jeden Individuum über sich hinauswachsen - dies ist meine unerschütterliche Überzeugung!

Das Wort "PROPAGANDA!!□" regt zum Kopfschütteln
an, wenn ich genau diese Zeilen vernehme. Bereits zu
Beginn wies ich darauf hin, dass der Begriff
"PROPAGANDA" in diesem Werk noch häufig
Verwendung finden wird.

Gewiss, während ich entlang des Aasees in Ibbenbüren
schreite, versetze ich mich durch das Abfassen dieses
Buches erneut in die Lage, Soldat oder Fallschirmjäger
zu sein. Glauben Sie mir, wäre es mir gegeben, nochmals
auf diese Welt zu kommen, so würde ich es
unzweifelhaft wieder und wieder tun!

Während meiner Zeit bei der Bundeswehr habe ich nicht
lediglich Werte und Normen verinnerlicht, sondern
darüber hinaus eine Erziehung genossen, die ich nicht im
elterlichen Heim, genauer gesagt von meinem Vater,
erfuhr! Mein Mentor bei der Bundeswehr bildete mich zu
einem wahrhaften Mann aus. Meine Kameraden waren
meine Brüder, meine Gruppen- und Truppführer meine
Vettern, mein Zugführer ein Vatergestalt, und der Spieß,
liebevoll auch als "Mutter der Kompanie" bezeichnet,
stand für eine mütterliche Rolle innerhalb der
Bundeswehr.

In einer solchen Exponent der Gesellschaft, eingebunden
in die kollektive Einheit und unter Obhut der
vorgesetzten Hierarchie, wird das persönliche
Leistungspotenzial der Individuen mit Hingabe erbracht
und findet stets seine gerechte Würdigung. Man möge die
Verwandtschaft nicht willkürlich erwählen, und
sicherlich mag es im Rahmen dieser Verbundenheit den
einen oder anderen Elementstörer geben. Doch sei

versichert, dass jeder Einzelne innerhalb dieser Schar bereit wäre, sein Leben für den anderen hinzugeben. Ich kann nicht für das Gesamtkonstrukt der Bundeswehr sprechen, jedoch kann ich ohne jeden Zweifel sagen, dass dies für meine eigene Kompanie uneingeschränkt gilt! Unentwegt und ohne Unterlass, im Dienste und auch darüber hinaus, findet eine umfangreiche Interaktion mit diesen Männern statt, die zu einer tiefgründigen Kenntnis führt, die sogar über die intimste Blutsverwandtschaft hinausgeht.

Doch möge ich mich nicht allzu sehr in die Weiten meiner Zeit bei der Bundeswehr verlieren, sondern vielmehr das Warum und Wie erörtern, weshalb die Bundeswehr, insbesondere die Reihen der Fallschirmjäger, für meine Persönlichkeit eine erhabene Bedeutung erlangten und wie sich meine Geisteshaltung in jenen jugendlichen Tagen formte. Hierin liegt mein Anliegen.

Während meiner Einsatzzeit verstärkte sich die Bedeutung meiner Mitstreiter im Kontext der Fallschirmjägereinheit zunehmend. Die Bundeswehr wurde ein essentieller Bestandteil meines Daseins. Ich glaubte zutiefst an meine Bestimmung und hegte ein aufrichtiges patriotisches Empfinden! Parallel dazu gewahrte ich, wie sich die Welt außerhalb des bunten Treibens der Bundeswehr unaufhörlich weiterentwickelte. Die Zivilgesellschaft, ehemals nur sporadisch von nationalem Vaterlandsgedankengut durchdrungen, verlor zusehends ihre letzten Anflüge nationaler Identität. Bedauerlicherweise lösten sich Generationen junger Männer und Frauen zusehends von

ihrer deutschen Zugehörigkeit. Die gesellschaftliche
Strömung verlangte vielmehr nach einem modischen
Flair, das eine amerikanische Anmutung verkörperte, als
dass das eigene deutsche Erbe adäquate Anerkennung
fand. Wie bereits erwähnt, konnte die deutsche
Nationalflagge nur noch bei internationalen und
kontinentalen Meisterschaften ihre Strahlkraft entfalten.
Selbige jedoch in ihrem Besitz zu tragen, erweckte
Verdächtigungen und provozierte die Frage, ob man
möglicherweise Sympathisant nationalsozialistischer
Ideologien sei! Parallel dazu nahm die Abwehrhaltung
gegenüber der Bundeswehr unaufhaltsam zu. Im Gefolge
der neuen Generation und des sogenannten "grünen
Schwungs", der den politischen Aufstieg der Grünen und
ökologisch orientierten Deutschen symbolisierte, verlor
die Gesellschaft jeglichen Bezug zur nationalen
Zugehörigkeit.

Die Worte "HETZE!!" - und bei ihrer Nennung, die ich
hier neulich niederschrieb - wird mir vorgehalten, als
wäre ich ein propagandistischer Hetzer! Ein geradezu
erstaunliches Paradoxon, nicht wahr? Du magst dich
gegenwärtig fragen, ob ich tatsächlich derartigen
Beleidigungen häufig ausgesetzt war, oder ob ich
womöglich die Darstellung übertreibe. Oh, gewiss,
tatsächlich erfuhr ich für meine Aussagen bedeutend
gravierendere Konsequenzen.

Darüber hinaus wurde ich außerhalb des geschützten
Kasernenumfelds als Aufwiegler bezeichnet, und nicht zu
übersehen ist, dass ich Uniform trug, wodurch ich
zusätzlich der Schmähung als Anhänger
nationalsozialistischer Ideen ausgesetzt war.

Wohlgemerkt, ich bin weiterhin Deniz Karabag, Sohn
türkischer Eltern, ein Muslim und polyglott, der
außerdem die Werte und Normen der Bundesrepublik
Deutschland uneingeschränkt bejaht und keinesfalls das
Vaterland, wie es von extremistischen Kreisen behauptet
wird, abwertet, indem es als eine bloße GmbH diffamiert
wird, der man das Existenzrecht abspricht. Fernerhin ist
zu erwähnen, dass rechtsextreme Parteien in aller
Deutlichkeit die Finanzierung durch jenes sogenannte
"GmbH-Land Deutschland" akzeptieren, das sie
verabscheuen, nur um im Nachgang die demokratische
Ordnung im Parlament zu unterwandern und zu
sabotieren. Ein wahrhaft besorgniserregender Zustand.

In den weiten Gefilden der Gesellschaft wurde ich fortan
als Verleumder und Anhänger nationalsozialistischer
Ideologien stigmatisiert. Doch die Anschauungen meiner
Mitmenschen sind mir letztendlich gänzlich gleichgültig.
Mein Hauptaugenmerk galt vielmehr der beunruhigenden
Entwicklung, die mein geliebtes Vaterland unaufhaltsam
in eine Spirale des Niedergangs zu ziehen schien.

Wie ich zuvor in lyrischen Worten schilderte, stieß ich
bereits in meinen juvenilen Jahren auf eine polemische
Geisteshaltung. In US-Blockbustern wurden die
Antagonisten stets durch die Figur des "Russen", des
"Chinesen" oder des "Muslims" verkörpert. Indes war ich
selbst ein Nachkomme von Migranten und Angehöriger
der islamischen Religionsgemeinschaft. Dieser Umstand
empörte mich zutiefst. Eine derartige Denkweise sollte in
der gesellschaftlichen Sphäre keine Duldung finden, so
war meine dezidierte Überzeugung.

Im weiteren Verlauf meines Lebens musste ich mit
großer Besorgnis beobachten, wie sich die Gesellschaft
in Deutschland unaufhaltsam spaltete. Patriotismus geriet
allmählich in den Status eines obsoleten Terminus,
gleichsam mit Nationalismus auf eine Stufe gestellt. Die
Empfindung von Vaterlandsliebe erfuhr ihre Entwertung
und wurde als antiquiertes Konstrukt betrachtet.

In einem summarischen Resümee meiner bisherigen
Entwicklung würde ich bekunden: Ich entsagte es, eine
Feindbildmentalität zu akzeptieren, und verweigerte mich
beharrlich der Verallgemeinerung von Menschen
aufgrund ihrer nationalen Identität oder ethnischen
Herkunft.

Dies war das erste Mal in meinem Leben, dass meine
innerste Seele ihren Widerstand kundtat. Und als wäre
dies nicht schon Herausforderung genug, gesellte sich zur
zunehmend negativen Entwicklung in der deutschen
Gesellschaft noch eine weitere Komplikation. Unser
Land befand sich auf einem gefährlichen Abwege. Ich
persönlich fühlte mich verpflichtet, dem
entgegenzuwirken! Doch mein Streben wurde von nur
wenigen verstanden, und es häuften sich eine Fülle an
Fragen, die meine Denkweise hemmten und störten. Die
zumeist gehörte Frage lautete: "Wieso engagierst Du dich
derart? Du wirst im Alleingang nichts bewirken, also
weshalb?"

Meine Antwort blieb unverändert: "Würde ein jeder so
denken wie du, wäre unserem Land ein düsteres
Schicksal beschieden. Eines Tages, wenn meine
Nachkommen herangewachsen sind und mich fragen,

'Vater, wo befandest du dich, als unser Land in eine solch bedenkliche Richtung steuerte?', werde ich ihnen replizieren können: 'Ich habe mein Möglichstes getan, auch wenn ich nicht restlos triumphierte. Doch was möchtest du sagen? Ich kann Tag für Tag mit stolzgeschwellter Brust in den Spiegel blicken!'"

Um eine derartige Grundeinstellung adäquat zu erfassen, bedarf es fraglos der besten Tugenden, die eine Persönlichkeit zu bieten vermag: Respekt, Treue und Loyalität. Indes möchte ich mich an dieser Stelle nicht weiter in Details verlieren, sondern dieses Thema unkompliziert belassen. Vieles meiner Begrifflichkeiten und vor allem meiner kontroversen und konservativen Denkweise findet gegenwärtig wenig Akzeptanz und bleibt für den einen oder anderen unverständlich.

Erlauben Sie mir nur so viel zu sagen: Meiner bereits in der Jugendzeit entwickelten Geisteshaltung gesellte sich der Instinkt eines Fallschirmjägers hinzu. Ein unerschütterlicher Wille zu kämpfen und niemals zu resignieren. Eine Eigenschaft, die mir sowohl Anerkennung als auch Widerstand einbrachte. Ich war nicht in der Lage, mich anders zu verhalten. Wenn man als Kämpfer auf diese Welt kommt, wird man auch als Kämpfer scheiden! Diese Grundhaltung, meine Ideologie, trug ich bereits vor meiner Dienstzeit in mir und wurde im Verlauf meiner militärischen Laufbahn nur weiter gestärkt. Tief in meinem Inneren reifte die Entschlossenheit heran, auch nach meiner Dienstzeit meinem Land weiterhin zu dienen, allerdings in der Form eines kontroversen Kritikers. Mein aufrichtiger Dank gilt dem 2. Fallschirmjägerbataillon 261 aus Lebach - durch euch wurde ich vom schlichten Soldaten zum unerschrockenen Verfechter meiner eigenen Ziele!

Mein Bestreben ist, für ein Deutschland einzutreten, das sich auf den gemeinsamen Grundwerten von Freiheit, Gerechtigkeit und Toleranz gründet. Doch war ich nicht immer der reife Mann, der ich heute bin. In meinen jungen Jahren war ich rebellisch und ungestüm. Erst als meine Mutter mich mit 18 Jahren zur Bundeswehr schickte und die darauffolgende Zeit von Disziplin und Ordnung meinen Charakter formte, konnte ich mich zu einem verantwortungsbewussten und gefestigten Individuum entwickeln. Die wahre Ernsthaftigkeit meiner militärischen Laufbahn offenbarte sich jedoch, als mein Zugführer bei den Heeresfliegern beschloss, mich zu den Fallschirmjägern zu versetzen.

Allgemeine Information zu der Fallschirmjägertruppe

Mit außergewöhnlicher Tapferkeit und unerschütterlichem Einsatz zählt die Einheit der Fallschirmjäger zweifellos zur Speerspitze der Bundeswehr. Als Eliteeinheit vereint sie einzigartige Eigenschaften, die sie zu einem unverzichtbaren Bestandteil der deutschen Streitkräfte machen. Die Fallschirmjäger sind ein lebendiges Beispiel für militärische Exzellenz, familiäre Bindungen und tief verwurzelten Patriotismus.

Die Ausbildung zum Fallschirmjäger ist extrem anspruchsvoll und selektiv. Nur die Besten der Besten haben die Ehre, Teil dieser Einheit zu sein. Ihre strenge und herausfordernde Ausbildung ist darauf ausgerichtet, die physische und mentale Belastbarkeit der Soldaten zu stärken und ihre Fähigkeit zu entwickeln, in extremen Situationen erfolgreich zu agieren. Die Fallschirmjäger müssen sich auch in den gefährlichsten und feindlichsten Umgebungen beweisen können, um ihre Aufgaben erfolgreich zu erfüllen.

Der familiäre Geist unter den Fallschirmjägern ist bemerkenswert und trägt dazu bei, dass sich jeder Einzelne stark unterstützt fühlt. Diese enge Bindung und Kameradschaft schaffen eine Atmosphäre des Vertrauens und der Solidarität, die die Einheit zu einer starken und einsatzbereiten Kraft macht. In gefährlichen Situationen können sie sich auf ihre Kameraden verlassen, wodurch sie zu einer unschlagbaren Einheit werden.

Patriotismus ist ein zentraler Wert für die Fallschirmjäger. Sie sind stolz darauf, ihr Land zu verteidigen und die Sicherheit und Freiheit der Bürger zu gewährleisten. Ihr unerschütterlicher Glaube an die Werte Deutschlands und ihr unermüdliches Engagement für das Wohl der Nation sind beispielhaft.

Die Aufgaben der Fallschirmjäger umfassen eine Vielzahl von Einsatzszenarien, darunter luftgestützte Operationen, schnelle Reaktionseinsätze, Rettungsaktionen hinter feindlichen Linien und die Unterstützung von konventionellen Bodentruppen. Ihre Flexibilität und Reaktionsfähigkeit machen sie zu einer vielseitigen und unverzichtbaren Truppe, die in jeder Situation entscheidende Rollen übernehmen kann.

In der Geschichte der deutschen Fallschirmjäger gibt es zahlreiche Beispiele für heroische Taten. Während des Zweiten Weltkriegs kämpften sie mutig an verschiedenen Fronten und führten gefährliche Luftlandeoperationen durch. Bekannt ist beispielsweise die Schlacht um Kreta im Mai 1941, in der deutsche Fallschirmjäger unter enormen Gefahren und Verlusten wichtige strategische Ziele eroberten.

Kreta Mai 1941

Die Schlacht um Kreta im Mai 1941 war eine der bedeutendsten Luftlandeoperationen im Zweiten Weltkrieg und gilt als eine der größten und komplexesten Luftlandeschlachten der Geschichte. Diese Operation, auch bekannt als "Unternehmen Merkur", fand auf der Insel Kreta statt und wurde von den deutschen Streitkräften gegen die alliierten Verteidiger durchgeführt.

Der historische Vorgang begann am 20. Mai 1941 mit der Luftlande-Invasion von deutschen Fallschirmjägern auf Kreta. Die Hauptabsicht dieser Operation war es, die strategisch wichtige Insel zu erobern und so die Herrschaft über das östliche Mittelmeer zu festigen. Es war die erste große Luftlandeoperation der deutschen Wehrmacht und sollte gleichzeitig als eine Überraschungsattacke dienen, um den Widerstand der Alliierten zu brechen.

Die deutschen Streitkräfte hatten eine gut geplante und koordinierte Operation vorbereitet, bei der Fallschirmjägerverbände aus verschiedenen Divisionen

beteiligt waren. Sie wurden in mehreren Wellen per
Luftlandung auf Kreta abgesetzt, um verschiedene
strategische Ziele zu sichern, darunter Flugplätze und
wichtige Verkehrswege.

Obwohl die deutschen Truppen anfangs auf heftigen
Widerstand von den alliierten Verteidigern stießen,
gelang es ihnen, die Kontrolle über große Teile der Insel
zu erlangen. Die Luftlandetruppen kämpften mit
außergewöhnlicher Tapferkeit und Härte und waren in
der Lage, trotz der intensiven Gegenangriffe
standzuhalten.

Allerdings litt die deutsche Luftwaffe im Laufe der
Operation unter erheblichen Verlusten. Die alliierten
Streitkräfte, die von britischen, australischen,
neuseeländischen und griechischen Truppen unterstützt
wurden, versuchten, die deutschen Invasoren
zurückzudrängen und die Kontrolle über Kreta
zurückzugewinnen.

Die Schlacht um Kreta dauerte insgesamt rund zehn
Tage und endete am 1. Juni 1941 mit einem Sieg der
deutschen Streitkräfte. Die Deutschen erlitten jedoch
erhebliche Verluste, und der hohe Preis, den sie für die
Eroberung der Insel zahlten, führte dazu, dass Hitler
weitere groß angelegte Luftlandeoperationen ablehnte.

Trotz des deutschen Sieges auf Kreta erwies sich die
Schlacht als Pyrrhussieg, da die Verluste und
Erschöpfung der deutschen Truppen ihre Kampffähigkeit
beeinträchtigten. Die Schlacht hatte auch zur Folge, dass
die deutschen Streitkräfte zukünftige

Luftlandeoperationen vorsichtiger und zurückhaltender durchführten.

Insgesamt war die Schlacht um Kreta ein historischer Vorgang, der die Bedeutung und Herausforderungen von Luftlandeoperationen im Zweiten Weltkrieg verdeutlichte. Die Tapferkeit der deutschen Fallschirmjäger und die Entschlossenheit der alliierten Verteidiger haben diese Schlacht zu einem bemerkenswerten Kapitel in der Militärgeschichte gemacht.

Luftlandeschule Altenstadt – Die „Fallschirmjägerschmiede"

Die Luftlandetransportschule in Altenstadt ist eine renommierte Ausbildungsstätte der Bundeswehr, die sich auf die Ausbildung von Fallschirmjägern spezialisiert hat. Sie ist als die "Fallschirmjägerschmiede" bekannt und genießt einen legendären Ruf in den Reihen der deutschen Streitkräfte. Die Schule befindet sich im malerischen Altenstadt, Bayern, und ist ein Ort von außergewöhnlicher Bedeutung für die militärische Eliteausbildung.

Ihr Ursprung reicht in die Zeit nach dem Zweiten Weltkrieg zurück, als die deutsche Armee die Bedeutung von spezialisierten Fallschirmjägerverbänden erkannte. Seit ihrer Gründung hat die Luftlandetransportschule in Altenstadt unzählige junge Rekruten in die Lüfte geschickt und sie zu hoch qualifizierten und furchtlosen Fallschirmjägern ausgebildet.

Der Mythos und die Sagen, die sich um diese Schule ranken, sind von beeindruckender Natur und zeugen von ihrem heldenhaften Erbe. Geschichten von übermenschlicher Tapferkeit, unerschütterlicher Kameradschaft und epischen Sprüngen aus Flugzeugen, die durch die Lüfte gleiten, verbreiten sich unter den Soldaten wie eine Legende.

Die Schule ist berühmt für ihre strenge Ausbildung und anspruchsvollen Prüfungen, die das körperliche und mentale Durchhaltevermögen der Fallschirmjägerkandidaten auf die Probe stellen. Die Auszubildenden müssen in simulierten Kampfszenarien ihre Fähigkeiten unter Beweis stellen und zeigen, dass sie den Herausforderungen des Einsatzes als Fallschirmjäger gewachsen sind. Die Luftlandetransportschule in Altenstadt steht stolz als Hüterin der Traditionen der deutschen Fallschirmjäger und als Wächterin des heroischen Erbes, das diese Einheit in den Wirren der Geschichte erworben hat. Hier werden nicht nur Soldaten ausgebildet, sondern Charaktere geformt, die auf den Grundpfeilern von Loyalität, Disziplin und Tapferkeit ruhen. In dieser "Fallschirmjägerschmiede" werden junge Rekruten zu einem Schlagkräftigen Schwert geschmiedet, das bereit ist, die Freiheit und Sicherheit Deutschlands zu verteidigen. Die Absolventen dieser Schule tragen stolz das Vermächtnis ihrer Vorgänger weiter und stehen als Symbol für die Heldenhaftigkeit und Opferbereitschaft, die die deutschen Fallschirmjäger seit jeher auszeichnet.

Die Luftlandetransportschule in Altenstadt ist mehr als nur eine Ausbildungsstätte - sie ist ein Tempel des

Heldentums und eine Quelle der Inspiration für
zukünftige Generationen von Soldaten. In ihren Hallen
werden nicht nur Fähigkeiten vermittelt, sondern auch
der unerschütterliche Geist eines wahren
Fallschirmjägers geformt. Sie bleibt eine lebendige
Legende, die die Feinde Deutschlands mit Ehrfurcht und
Respekt erfüllt und die die Ehre und den Ruhm der
deutschen Streitkräfte hochhält.

Erfahrung beim Springen

Das Gefühl, als Fallschirmjäger bei Tag oder auch bei
Nacht aus einem Flugzeug zu springen, ist eine
einzigartige Mischung aus Ehrfurcht, Anspannung und
Entschlossenheit. In dem Moment, in dem sich die Tür
des Flugzeugs öffnet und der Wind tost, erwachen
intensive Emotionen in einem. Die Vorfreude auf die
bevorstehende Mission und das Vertrauen in das eigene
Können als hochqualifizierter Soldat vermischen sich mit
einer gewissen Nervosität und dem Bewusstsein für die
potenziellen Gefahren, die im Kampfgebiet lauern. Als
Fallschirmjäger weiß man, dass man in einen feindlichen
Raum eindringt und dort in den Kampf eintreten wird.
Die Frage, wie der Feind auf diese unerwartete und
plötzliche Ankunft reagieren wird, verleiht der Situation
eine zusätzliche fesselnde Spannung. Während des
Sprungs verspürt man ein Gefühl von Freiheit und
Schwerelosigkeit, wenn man durch die Luft gleitet. Der
Adrenalinschub ist unbeschreiblich, wenn man das
Zielgebiet im Blick behält und sich auf die bevorstehende
Landung vorbereitet. Jeder Sprung ist wie eine
choreografierte Tanzperformance, bei der Genauigkeit
und Präzision von entscheidender Bedeutung sind.

In diesem Moment verschmilzt man mit der Dunkelheit der Nacht oder der Helligkeit des Tages, während man sich unbemerkt dem Ziel nähert. Der Lärm des Windes wird von der inneren Stille übertönt, die durch die Fokussierung auf die bevorstehende Mission entsteht. Die Sinne werden geschärft, und man nimmt jedes Geräusch und jede Bewegung im Umfeld wahr. Es ist eine Mischung aus Adrenalin und Professionalität, die einen Fallschirmjäger in diesem kritischen Augenblick beherrscht. Man weiß, dass jede Entscheidung und Handlung entscheidend sein kann und dass das Team aufeinander angewiesen ist, um die Mission erfolgreich abzuschließen. Die feindliche Reaktion auf die Ankunft der deutschen Fallschirmjäger kann von Überraschung und Panik bis hin zu entschlossener Gegenwehr variieren. Die Tatsache, dass man unerwartet und blitzschnell an strategisch wichtigen Punkten im Kampfgebiet präsent ist, kann den Feind aus dem Gleichgewicht bringen und seine Pläne durchkreuzen.

Insgesamt ist das Gefühl, als Fallschirmjäger in das Kampfgebiet zu springen, eine Mischung aus aufregender Kreativität, Mut und Disziplin. Es ist ein Moment, in dem man sich seiner Rolle als Elitekämpfer bewusst ist und die Verantwortung spürt, die einem als Mitglied der deutschen Fallschirmjäger zuteilwird. Dieser einzigartige Moment des Eingreifens, gepaart mit der Professionalität und Kreativität der Truppe, macht die Erfahrung als Fallschirmjäger zu einer unvergesslichen und bedeutungsvollen Herausforderung. Die Einheit der Fallschirmjäger ist nicht nur eine Eliteeinheit der Bundeswehr, sondern auch ein Symbol für Heldenmut und Selbstlosigkeit. Ihre Geschichte und ihr Engagement

für das Wohl des Landes haben sie zu einer Legende
gemacht. Als die Speerspitze der deutschen Streitkräfte
verkörpern die Fallschirmjäger den Geist von Mut,
Entschlossenheit und Opferbereitschaft und verdienen es
zutiefst, auf einem heroischen Podest gehoben zu
werden.

Möge ihre unbeirrbare Entschlossenheit und ihr starker
Zusammenhalt weiterhin das Fundament für die
Sicherheit und Stabilität Deutschlands sein und als
Inspiration für zukünftige Generationen von Soldaten
dienen."

Kontroverse Denkweise

In einer gegenwärtigen Epoche zeugt es von
außergewöhnlicher Seltenheit, eine kontroverse
Denkweise zu kultivieren - gleichsam wie das Finden
von kostbarem Gold in den Gemäuern Berlins. Wir
verharren in einer Ära des medialen Wettstreits, in der
die Gesellschaft oftmals von staatlichen Einflüssen
geformt und positioniert wird.

Diese Gegebenheit ist keineswegs eine neuartige
Erscheinung; schon in vergangenen Epochen erwiesen
sich Individuen mit einer kontroversen, jedoch ebenso
neutralen und objektiven Einstellung als rar. Die
Fähigkeit, Kontroverse, Neutralität und Objektivität in
sich zu vereinen, bleibt mir persönlich versagt. Denn ich
bekenne mich entschieden zu einer konkreten Ideologie,
der ich zutiefst glaube, und danach richte ich mein
Handeln aus - eine Position, die zweifellos legitim ist.
Zwar mag die Idee eines Geistes, der politischen Themen
mit neutraler und objektiver Betrachtung begegnet,
erstrebenswert sein, doch ein solch erhabenes Wesen
scheint wahrhaftig selten anzutreffen. Vielmehr obliegt
es jedem Einzelnen, seine eigene Überzeugung zu hegen
und zu verfolgen. Allerdings liegt das wahre Verdienst
darin, dass wir uns nicht starrsinnig und einseitig in
unseren Ansichten verfangen, sondern den Raum für
divergierende Meinungen eröffnen.

In meinem eigenen Falle kann ich lediglich für mich sprechen: Nach meiner ehrenvollen Dienstzeit bei der Bundeswehr habe ich mir eine neue Berufung gesetzt - meine Heimat in politischer Hinsicht beizustehen! Die beunruhigenden Entwicklungen, die ich in unserer Gesellschaft wahrnehme, erachte ich als höchst besorgniserregend. Meines Erachtens bedarf es nicht nur einer mediale Aufklärung, sondern auch einer sozialen Verständigung innerhalb der Bevölkerung.

Doch was genau bezeichnet eine kontroverse Denkweise? Dieser Terminus wurde von keinem Geringeren als Deniz Karabag, der als "Kontrovers Ich" bekannt ist, öffentlich geprägt. Er beschreibt die Fertigkeit, mediale Äußerungen objektiv, kritisch, neutral und durchleuchtend zu betrachten und zu hinterfragen. Sollten Sie der Auffassung sein, dass im 21. Jahrhundert, insbesondere in Deutschland, eine solch kritische Denkweise realisierbar ist, so ermuntere ich Sie, dieses Buch mit noch größerer Ausdauer bis zum finalen Kapitel zu durchdringen. Die Erfahrungswerte, welche ich in meinen Schriften teile, sind in der Öffentlichkeit selten zu vernehmen, jedoch von umso gewichtigerer Bedeutung!

Als loyaler und treuer Staatsbürger Deutschlands sollte es auch zu den eigenen Pflichten zählen, einen bedeutungsvollen Mehrwert für den Staat zu generieren, und dies erfordert kluge und hinterfragende Gemüter. Bedauerlicherweise ist seit Beginn der militärischen Operation in der Ukraine im Februar 2022 eine kontroverse Denkweise in Deutschland weitestgehend in den Hintergrund getreten. Es fällt mir schwer, einen geeigneten Anknüpfungspunkt zu finden. Seit Einleitung dieser Spezialoperation hat sich in unserem Land derart Vieles zum Negativen entwickelt, dass die kontroverse Denkweise inzwischen den Status einer "Persona non grata" einzunehmen scheint.

Die Denkweise der Bevölkerung wird mit den Medien synchronisiert und gleichgeschaltet. Die gegenwärtige Regierung vertritt seit Februar 2022 die Überzeugung, dass Russland eine Bedrohung für die Welt darstellt und die Ukraine das unschuldige Opfer ist. Gleichsam wird dies von den Medien unablässig dargelegt. Angesichts dieser unermüdlichen 24/7-Verbreitung ist es nachvollziehbar, dass die Bevölkerung größtenteils in Einklang mit der Ansicht der Bundesregierung schwingt.

Ich möchte an dieser Stelle betonen, dass es mir durchaus zusagt, wenn dies die Überzeugung der gegenwärtigen Bundesregierung ist. Es steht mir fern, anderen Personen vorzuschreiben, was sie denken und sagen sollen. Nichtsdestotrotz scheint es sowohl für die Bundesregierung als auch für die Medien problematisch zu sein, wenn jemand eine entgegengesetzte Meinung hegt. Jene, die während dieser Spezialoperation eine abweichende Denkweise haben, werden rasch als Putin-Trolle, Hetzer oder Propagandisten herabgewürdigt und diskreditiert.

Gewillten systemkonformen Bürgern zufolge sollten diejenigen, die eine divergierende Meinung vertreten, ihren Mund halten und, sofern möglich, sich augenblicklich entfernen. Doch darauf habe ich keine Rücksicht genommen! Ich, Deniz Karabag, werde

fortwährend für Meinungsfreiheit und eine höhere
Transparenz in der deutschen Medienlandschaft
eintreten.

An dieser Stelle gebührt es zu erwähnen, dass auch ein
Segment der deutschen Bevölkerung durch die deutschen
Medien in großem Maße eingeschüchtert wird. Es stellt
sich als Herausforderung dar, die persönliche Meinung
sowohl in der Öffentlichkeit als auch im Privatleben zu
artikulieren. Meinem Verständnis nach gilt derzeit
lediglich die Meinung der Bundesregierung und der
systemtreuen Bürger als salonfähig.

Leben und leben lassen, diese Grundhaltung ist
bedauerlicherweise heutzutage nicht mehr
allgegenwärtig! Die meisten Leser meines Buches sind
mit meiner Arbeitsweise vertraut und wissen, dass ich
meine Thesen stets mit treffenden Belegen untermauere.
Hierbei möchte ich einen Bericht der Otto-Brenner-
Stiftung hinzufügen, der am 15. Dezember 2022 zur
Gleichschaltung deutscher Medien veröffentlicht wurde.
Ich rate jedem, diesen Bericht eingehend zu studieren. Es
wurde festgestellt, dass deutsche Medien, insbesondere
während der Corona-Politik und auch während der
Spezialoperation in der Ukraine, zu einer tendenziell
gleichförmigen Berichterstattung neigen.

Es ist nicht selten, dass Berichte im Zusammenhang mit
Bundeskanzler Olaf Scholz negativ kommentiert werden,
während gleichzeitig die Berichte über Außenministerin
Anna-Lena Baerbock positiv bewertet werden. Bei
näherer Betrachtung dieser Berichterstattung wird jedoch
offenkundig, dass sie stark tendenziös und mit

anstachelnden Formulierungen versehen ist. Ferner ist zu
beobachten, dass der ukrainische Präsident, ungeachtet
seiner Handlungen, in einem vorteilhaften Licht
dargestellt wird, während Wladimir Putin scheinbar als
die Verkörperung des Bösen stilisiert wird.

Zur Untermauerung meiner Aussagen möchte ich den
Bericht der Otto-Brenner-Stiftung mit folgendem Artikel
anführen. Dieser Bericht zeichnet sich ohne Frage durch
eine exzeptionelle Glaubwürdigkeit aus, nicht nur
aufgrund der hochqualifizierten Akademiker und
Doktoren, die daran beteiligt waren, sondern
insbesondere auch aufgrund des Vorfalls vom 16.
November 2022. Als eine NATO-Rakete in Polen
niederging, wurde ohne Zögern Artikel 5 des NATO-
Vertrages aktiviert, und die NATO erklärte praktisch
Russland den Krieg! Als jedoch bald darauf feststand,
dass es sich um eine ukrainische Luftabwehrrakete
handelte, wurde die Bedrohung scheinbar bedeutungslos,
und das Ereignis verblasste rasch in der Erinnerung.
Unfassbar!

Dieses Verhalten lässt zweifellos auf eine
propagandistische Agenda schließen und steht in
komplettem Gegensatz zu meiner Überzeugung! Es ist
keineswegs gerechtfertigt, dass ein Raketenangriff von
Russland als weitaus schwerwiegender betrachtet wird
als ein Raketenangriff aus der Ukraine, obwohl es sich
um dieselbe Waffenart und denselben Schaden handelt!
Die Antwort hierauf ist von schierer Schlichtheit: Es
widerspricht den ideologischen Grundlagen und
außenpolitischen Leitlinien der deutschen, US-
amerikanischen und europäischen Führung.

An dieser Stelle beabsichtige ich nicht, ausführlich auf die nuancierten außenpolitischen Denk- und Handlungsweisen der Europäischen Union, Deutschlands und der Vereinigten Staaten einzugehen. Stattdessen möchte ich sinnbildlich darlegen, weshalb eine Doppelmoral in unseren Reihen grassiert. In einer modernen Gesellschaft sollte es selbstverständlich sein, dass jeder Bürger seine Meinung frei äußern kann, ohne dafür Sanktionen zu fürchten.

Es kommt hinzu, dass die aktuelle Bundesregierung den sogenannten Volksverhetzungsparagraphen (§ 130 Strafgesetzbuch) weiter verschärft hat. Dadurch gestaltet es sich nahezu unmöglich, bestimmte Ereignisse öffentlich zu diskutieren, wie beispielsweise das mutmaßliche Kriegsverbrechen in Butcha oder andere Geschehnisse, die noch nicht abschließend belegt sind oder bereits dokumentiert wurden. Diese gesetzliche Regelung schränkt die Meinungsfreiheit in erheblichem Maße ein und hat seit Februar 2022 zahlreiche Stimmen verstummen lassen. Sogar in den sozialen Medien hat sich dieser Paragraph mittlerweile etabliert. Zuvor galt allein das Netzwerkdurchsuchungsgesetz, welches Kommentare, Inhalte und Artikel in sozialen Medien überwachte. Nun jedoch sehen wir uns mit Paragraph 130 des Strafgesetzbuches konfrontiert, der Bürger in der Praxis mundtot macht.

Die allgegenwärtige mediale Zensur weitet sich aus, und gewisse Debatten werden nach wie vor in den sozialen Medien ausgetragen, insbesondere auf TikTok, wo auch meine Anfänge lagen.

TIKTOK – Deniz Karabag (Kontrovers)

Im gegenwärtigen Zeitgeist entfaltet TikTok
zweifelsohne eine bedeutende Präsenz als soziales
Medium, das etablierte Plattformen wie Instagram,
Facebook und Twitter bei Weitem hinter sich lässt. Als
allgegenwärtiges soziales Portal verleiht es seinen
Nutzern durch die Faszination der Videodarstellung eine
überaus wirkungsvolle und einnehmende Präsenz. Ob es
sich um Tanzvideos, Rap-Performances, künstlerische
Darbietungen oder andere kreative Ausdrucksformen
handelt - TikTok ermöglicht es jedem, sein Talent
ungehindert und mit Nachdruck zu entfalten.

Mit dem Eintritt ins Jahr 2020 gelangte auch ich in den
Besitz eines TikTok-Zugangs. Anfänglich beschränkte
ich mich darauf, die vorhandenen Inhalte zu
konsumieren. Doch allmählich begann ich, mich selbst
durch die Schöpfung satirischer Videoproduktionen
einzubringen und dabei das Konzept des "Türkischen
Wissens" zu etablieren. Mein Streben war von Anfang an
nicht allein darauf gerichtet, das Bild der türkischen
Gemeinschaft in Deutschland positiv zu gestalten,
sondern ebenso dazu beizutragen, ein tieferes
Verständnis für die kulturelle Vielfalt der Türkei zu
fördern.

Bedauerlicherweise zeichnet sich in der deutschen
Gesellschaft eine informelle Denk- und Handlungsweise
ab, die lautet: "Was mir fremd ist, betrachte ich mit
Misstrauen oder Reserviertheit." Diese Einstellung wird

durch eine negative Medienberichterstattung zusätzlich befeuert. Dies wiederum hat eine schädliche Auswirkung auf das Ansehen der Türkei und ihrer hier ansässigen türkischen Mitbürger zur Folge. Das zwischenmenschliche Miteinander und das Zusammenleben werden durch diese pessimistischen Nachrichten und PR-Strategien merklich beeinträchtigt.

In meiner persönlichen Ambition als Sohn türkischer Migranten habe ich den festen Entschluss gefasst, einen nachhaltigen Beitrag zur Optimierung des globalen Ansehens der Türken zu leisten. Mag man meinen Ansatz auch als naiv abtun, so beharre ich dennoch auf meiner Überzeugung: "Aktiv handeln und sich einbringen, anstatt passiv zu verharren und zuzusehen!"

Ich unterteile die Menschen in zwei Gruppen: die Denker und die Machenden, und ich identifiziere mich eindeutig mit den Letztgenannten. Für mich soll ein menschliches Leben einen höheren Zweck erfüllen. Wir betreten diese Welt, wachsen heran, arbeiten, gründen Familien und kehren schlussendlich in die Sphäre des Unbekannten zurück. Doch für mich persönlich stellt diese Aneinanderreihung von Lebensphasen eine unzureichende Erfüllung dar. Ein menschliches Leben sollte einen wertvollen Beitrag für die Gesellschaft leisten. Und meine Aufgabe für die Gemeinschaft besteht darin, das Denken und die Mentalität der Menschen nachhaltig zum Positiven zu wandeln! Ob ich dabei Befürworter oder Gegner gewinne, ist für mich völlig bedeutungslos! Ich trete bewusst und willentlich dieser Herausforderung entgegen. Denn wenn man in eine Gesellschaft eintritt, die von traditionellen Denk- und

Handlungsmustern geprägt ist, darf man keine Passivität gegenüber dem angestrebten Wandel des Mindsets erwarten - eine Erkenntnis, die ich persönlich bei meiner Präsenz auf TikTok erfahren habe.

Meine publizistische Kreation "Türkisches Wissen" stieß sowohl auf enthusiastische Zustimmung als auch auf vehementen Widerspruch. Es war erschreckend zu beobachten, wie sich in den Menschen falsche Denkweisen festsetzen. Besonders beunruhigend ist die Tatsache, dass ein Großteil der TikTok-Gemeinschaft aus jungen Menschen im Alter von 10 bis 25 Jahren besteht, die oft noch über begrenzte Lebenserfahrung verfügen. Es drängt sich die Frage auf, welchen Einflüssen die aufstrebende Generation ausgesetzt ist.

Im Zuge meiner Auseinandersetzung mit "Türkischem Wissen" stieß ich auf unzählige Wissenslücken, die ich als Halbwissen klassifizieren würde. Zunächst ist dieses Defizit kein unüberwindbares Hindernis, da Wissen erworben werden kann. Dennoch beunruhigt mich die Herangehensweise vieler TikTok-Nutzer an dieses Halbwissen. Oftmals wird der Eindruck erweckt, als verfügten sie über ein umfassendes Wissen, und jegliche Kritik wird mit beleidigenden oder sogar bedrohlichen Reaktionen quittiert.

Die vorherrschende Tonlage auf TikTok versetzte mich seinerzeit in Staunen. Dennoch gebietet es die Fairness zu erwähnen, dass dieses Verhalten nicht allein ein Problem von TikTok darstellt, sondern vielmehr ein allgemeines Phänomen in den sozialen Medien ist. Ich bezeichne es als das "Phänomen des Internetrambos" -

Jugendliche oder junge Erwachsene, die sich hinter der Anonymität des Internets verstecken, um ihre Geltungssucht zu befriedigen. In ihrer Kühnheit schrecken sie nicht vor Verunglimpfungen, Bedrohungen, Mobbing und der Verbreitung von Falschmeldungen zurück. Die Verbreitung irreführender und falscher Werte scheint schier grenzenlos zu sein.

Es wäre leicht, die Schuld für diese Missstände einer Plattform wie TikTok zuzuschreiben. Dennoch liegt das Kernproblem in den fehlgeleiteten Werten und Normen der Individuen selbst. TikTok kann nicht für das Verhalten jedes Einzelnen zur Rechenschaft gezogen werden, da es Millionen von Abonnenten und Nutzern gibt, wodurch eine umfassende Überprüfung sämtlicher Kommentare und Konten unmöglich wird.

Nichtsdestotrotz ist es gerechtfertigt, TikTok zu kritisieren, da die Behandlung von Beschwerden und Meldungen nicht adäquat kontrolliert wird. Ich persönlich habe festgestellt, dass mein Content "Türkisches Wissen" häufig gemeldet wurde und meine Einsprüche bei TikTok selten oder gar nicht Berücksichtigung fanden. Am Ende verlor ich drei Konten mit jeweils 96.000, 104.000 und 120.000 Followern.

Es mag nachvollziehbar erscheinen, zu fragen, weshalb ich trotz all dieser Schwierigkeiten weiterhin bei TikTok verbleibe.

Diese hoch relevante Frage beantworte ich unumwunden. TikTok bietet eine Plattform, die es ermöglicht, rasch und effizient eine weite Reichweite zu erzielen - ein Angebot, das keine andere Plattform in diesem Ausmaß offeriert. Jeder Versuch, etwas Gegenteiliges zu behaupten, wäre fehlgeleitet. Die prompte Bestätigung hierfür erhält man, wenn man erfolgreiche YouTuber und Influencer auf Instagram konsultiert. Diese Tatsache erklärt auch den bemerkenswerten Erfolg von TikTok.

In der heutigen Zeit manifestiert sich TikTok zweifelsohne als bedeutungsvolles soziales Medium, das etablierte Plattformen wie Instagram, Facebook und Twitter mühelos in den Schatten stellt. Seine omnipräsente Präsenz verleiht den Nutzern durch die kraftvolle Darstellung von Videos eine außergewöhnliche Plattform, um ihre Talente in Form von Tanzvideos, Rap-Performances, künstlerischen Darbietungen und weiteren kreativen Entfaltungen ungehindert zur Schau zu stellen.

Im Jahr 2020 betrat auch ich die Szene von TikTok. In den Anfängen begnügte ich mich damit, die Inhalte anderer zu konsumieren, doch bald schon entschied ich mich dazu, selbst satirische Videoproduktionen zu erschaffen und den bemerkenswerten "Türkischen Wissen"-Content zu etablieren. Mein Hauptanliegen bestand zu jeder Zeit darin, nicht nur das Image der türkischen Gemeinschaft in Deutschland in einem positiven Licht zu präsentieren, sondern ebenso ein tiefgreifenderes Verständnis für die facettenreiche türkische Kultur zu fördern.

Bedauerlicherweise wird in der deutschen Gesellschaft inoffiziell die Maxime vertreten: "Was mir unbekannt ist, betrachte ich mit Misstrauen oder Zurückhaltung." Diese

Vorstellung wird durch negative Berichterstattung der Medien noch verstärkt und beeinträchtigt folglich das Bild der Türkei sowie der hier beheimateten türkischen Mitbürger maßgeblich. In meiner Funktion als türkischer Migrantensohn empfand ich es daher als meine persönliche Verpflichtung, einen nachhaltigen Beitrag zur Verbesserung dieser Situation zu leisten. Auch wenn man dies als naiv abtun mag, so vertrat ich doch mit unbeirrbarer Entschlossenheit die Auffassung: "Aktiv handeln und bewegen, statt passiv an der Seitenlinie zu verharren und dem Geschehen zuzusehen!"

In meinem Selbstverständnis sehe ich mich eher als Macher denn als Denker. Ein menschliches Dasein sollte für mich einen höheren Zweck erfüllen, als lediglich die schlichte Aneinanderreihung von Geburt, Heranwachsen, Berufstätigkeit, Familiengründung und dem finalen Abschied aus dieser Welt. Ein menschliches Leben sollte einen wertvollen Beitrag für die Gesellschaft leisten, und meine Bestimmung besteht darin, das Denken und den Mindset der Menschen auf nachhaltige Weise zum Positiven zu transformieren. Ungeachtet dessen, ob ich dabei Befürworter oder Gegner gewinne, ist es mir vollkommen belanglos, denn dieser Herausforderung begegne ich bewusst und mutig. Bei meiner Präsenz auf TikTok erfuhr ich aus erster Hand, dass eine Veränderung des Mindsets in einer Gesellschaft, die von traditionellen Denk- und Handlungsmustern durchdrungen ist, nicht ohne Widerstand vonstattengeht.

Im Zuge meiner Auseinandersetzung mit "Türkischem Wissen" stieß ich auf zahlreiche Wissenslücken, die ich als Halbwissen kategorisieren würde. Nun mag dieses

Manko an Wissen an sich keine unüberwindbare Hürde
darstellen, da Wissen erworben werden kann. Jedoch
beunruhigte mich der Umgang vieler TikTok-Nutzer mit
diesem Halbwissen. Oftmals wird der Anschein erweckt,
als wäre man über das gesamte Wissen in Kenntnis, und
jede Form von Kritik wird mit beleidigenden oder gar
bedrohlichen Reaktionen erwidert.

Die vorherrschende Tonlage auf TikTok versetzte mich
in jenem Moment in Erstaunen. Allerdings gebührt es der
Fairness, zu erwähnen, dass dieses Verhalten nicht
alleinig auf TikTok beschränkt bleibt, sondern ein
weitverbreitetes Phänomen innerhalb der sozialen
Medien darstellt. Ich bezeichne es gern als das
"Phänomen des Internetrambos" – jugendliche oder junge
erwachsene Individuen, die sich hinter der Anonymität
des Internets verbergen, um ihrer Aufmerksamkeitssucht
zu frönen. Hierbei scheuen sie weder vor
Verunglimpfungen, Bedrohungen, Mobbing noch vor der
Verbreitung von Falschinformationen zurück. Die
Verbreitung irreführender und falscher Werte scheint in
der Tat nahezu grenzenlos zu sein.

Es wäre zweifellos einfach, die Schuld für diese
Missstände einzig und allein TikTok zuzuschreiben,
jedoch liegt das Kernproblem in den fehlgeleiteten
Werten und Normen der Individuen selbst. TikTok kann
nicht für das Verhalten eines jeden Einzelnen
verantwortlich gemacht werden, da es eine Unzahl von
Abonnenten und Nutzern umfasst und es nahezu
unmöglich erscheint, sämtliche Kommentare und Konten
auf Einhaltung zu prüfen.

Nichtsdestotrotz ist es durchaus legitim, TikTok zu kritisieren, da die Handhabung von Beschwerden und Meldungen nicht angemessen kontrolliert wird. Persönlich habe ich festgestellt, dass mein Content "Türkisches Wissen" häufig gemeldet wurde und meine Einsprüche bei TikTok entweder selten oder gar nicht berücksichtigt wurden. Am Ende führte dies dazu, dass ich drei Konten mit jeweils 96.000, 104.000 und 120.000 Followern verlor.

Sie mögen sich nun fragen, weshalb ich trotz all dieser Schwierigkeiten dennoch bei TikTok verbleibe. Diese Frage ist außerordentlich berechtigt, und meine Antwort darauf ist klar: TikTok bietet eine Plattform, die es ermöglicht, rasch und effizient eine außerordentlich weite Reichweite zu erlangen – ein Angebot, das keine andere Plattform in solchem Ausmaß offeriert. Jegliche gegenteilige Behauptung wäre unangebracht. Die eindrucksvolle Bestätigung dafür erhält man, wenn man erfolgreiche YouTuber und Influencer auf Instagram konsultiert. Diese Gegebenheit erklärt ebenso den beachtlichen Erfolg von TikTok.

Vorweg sei präzisiert, dass ich in dem Bestreben verharre, die Frage nach der Differenzierung zwischen der deutschen Exekutive und dem deutschen Volk endgültig und nachhaltig zu klären. Deutschland, als Nation von erhabenem Charakter, getragen von einer unvergleichlichen Historie und geprägt von exquisiter kultureller Brillanz, zeichnet sich unverkennbar durch seine einzigartige Beschaffenheit aus. Unserer kollektiven Wertegemeinschaft und Normen, gepaart mit einer außergewöhnlichen kulturellen Identität, verleihen uns ohne Zweifel eine Sonderstellung unter den Nationen. Gleichwohl gebietet es die Notwendigkeit, das Regierungshandeln und die Essenz des deutschen Volkes als separierte Entitäten zu betrachten, denn die politischen Pfade, die von der gegenwärtigen Regierung beschritten werden, vermag nicht zwangsläufig mit meinen persönlichen Überzeugungen im Einklang zu stehen. In keiner Weise impliziert dies, dass ich meine Loyalität als Soldat gegenüber der Heimat, die ich inniglich liebe und in der ich tief verwurzelt bin, in Frage stelle. Vielmehr äußere ich eine kritische Betrachtung des Regierungshandelns im internationalen Kontext.

In Anbetracht meines tiefgreifenden Engagements als Staatsbürger dieses Landes habe ich mich dazu entschlossen, meine individuellen Klagen und Kritiken in den Hintergrund zu rücken und stattdessen eine aktive Gestaltung zu verfolgen. Mit unbeirrbarer Entschlossenheit habe ich das Ziel verfolgt, auf demokratische Weise und im Einklang mit den fundamentalen Prinzipien unseres Grundgesetzes positive Veränderungen in unserem Land zu bewirken. Während einige möglicherweise geneigt sein mögen, radikalere Maßnahmen zu ergreifen, ist es mir ein Anliegen, einen nuancierten Zugang in meinen Äußerungen und Videobeiträgen zu pflegen.

In den Kommentarspalten meiner Publikationen stößt man häufig auf den Wunsch, geschlossen nach Berlin zu marschieren, um einen politischen Paradigmenwechsel herbeizuführen. Die Forderung nach dem Ausscheiden der gegenwärtigen Regierung bereitet mir indes ein

gewisses Unbehagen. Doch worin liegt die Grundlage
dieses Unbehagens?

Es scheint, dass einige Individuen die Überzeugung
hegen, ein Wechsel in der Regierung könne
ausschließlich durch gewaltsame oder drastische Schritte
herbeigeführt werden. Die gewaltsamen Übergriffe auf
die Exekutive, insbesondere auf die Ordnungskräfte,
während solcher Demonstrationen, bedürfen keiner
weiteren Erläuterung, da sie hinlänglich in den Medien
dokumentiert sind. In solchen Situationen wird die
Exekutive nicht länger als Wahrerin des Staates
betrachtet, sondern vielmehr als legitimierter Weg, dem
Staat Schaden zuzufügen.

Demgegenüber sollte es jedem Staatsbürger zugestanden
sein, sich aus diversen Quellen zu informieren, darunter
auch seriöse und belegbare Quellen, um eine fundierte
Urteilsfindung zu ermöglichen. Mein Anspruch ist es,
Aufklärungsarbeit zu leisten und eine differenzierte
Perspektive auf spezifische Ereignisse zu vermitteln.

Durch meine rationale Denkweise und meine besonnene
Herangehensweise gelang es mir rasch, eine beachtliche
Anhängerschaft zu gewinnen, doch stieß ich gleichzeitig
auf vehementen Widerstand. Bedrohungen und
fortlaufende Beleidigungen waren die antizipierte
Reaktion, denen ich indes bewusst keine Beachtung
schenkte, um die Standpunkte dieser Individuen zu
übergehen und ihre Aggression nicht weiter anzufachen.
Indessen verstärkte sich ihre Unzufriedenheit. Ihr einzig
verbleibendes Mittel bestand darin, meine Videos zu
melden. In dieser Hinsicht trägt TikTok eine gewisse

Verantwortung, da die Überprüfung der Meldungen oft unzureichend angemessen und sachlich erfolgte. Dies führte bedauerlicherweise zur Löschung meines ersten Accounts mit über 100.000 Followern.

Nachdem mein Account gelöscht wurde, wurde mir sowohl mit Jubel als auch mit einem stetig lauter werdenden Ruf nach meiner Rückkehr begegnet. Verschiedene Persönlichkeiten, darunter auch prominente Vertreter, äußerten sowohl auf TikTok als auch auf Instagram und YouTube, dass bisher nur wenige wie ich eine differenzierte Denk- und Handlungsweise vertreten haben.

Ohne längeres Zögern erstellte ich einen neuen Account, der jedoch erneut bei 85.000 Followern gelöscht wurde. Dieses Szenario wiederholte sich insgesamt zwölf Mal, wodurch mir der Beiname "FLATRATE KARABAG" zuteilwurde. Paradoxerweise empfand ich diese Bezeichnung sogar als amüsant und betrachtete sie gewissermaßen als eine Auszeichnung für meine Beharrlichkeit. Gleichwohl erkannte ich die Notwendigkeit tiefgreifender Veränderungen. Daher entschied ich mich, die Community-Richtlinien von TikTok sorgfältig zu studieren, eine umfassendere Berichterstattung zu betreiben und meine differenzierte Haltung in geordnete Bahnen zu lenken, um eine konstruktive Vorgehensweise zu entwickeln. Es wurde mir gewahr, dass das fortdauernde Erstellen neuer Accounts auf lange Sicht keine zielführende Maßnahme darstellte.

Entschlossen habe ich mich dazu, meine bisherige Modus Operandi zu adaptieren und meine kontroverse Herangehensweise in den Hintergrund zu rücken. Statt äußerst anspruchsvolle und heikle Beiträge auf dem Kanal Telegram zu verbreiten, lenke ich meine Bemühungen nun auf TikTok, um dort als Botschafter für meine Inhalte zu wirken. Die Entscheidung, auch auf Telegram weiterhin präsent zu sein, entsprang der klugen Überlegung, dass TikTok als Plattform nur begrenzten Raum für die Darlegung sämtlicher Facetten von Realitäten und Sachverhalten bietet, insbesondere angesichts einer Vielzahl an Menschen, die noch immer einer systemkonformen, gläubigen und unverrückbaren Geisteshaltung verhaftet sind. Infolgedessen muss ich wohlbedacht abwägen, welche Beiträge ich präsentiere und ob es vielleicht angebracht ist, jene von größerer Tragweite auf Telegram zu veröffentlichen und dort bewusst zu bewerben.

In der Welt der sozialen Medien bleibt es nicht aus, dass man mitunter einen schmalen Grat zwischen dem, was man zu äußern vermag, und dem, was man in der Tat aussprechen möchte, bewältigen muss. Obgleich Artikel 5 des Grundgesetzes den Anspruch auf freie Meinungsäußerung garantiert, muss man leider feststellen, dass in der gegenwärtigen politischen Situation in Deutschland die Ausübung dieser Freiheit bedauerlicherweise nicht mehr in vollem Umfang möglich ist. Sie existiert lediglich in einem sekundären Rahmen und unterliegt bis zu einem gewissen Grad äußeren geopolitischen Einflüssen.

Meine bisherige Vorgehensweise erwies sich als erfolgreich, und obgleich ich mich nicht vor negativen Kommentaren zu verschonen wusste, entwickelte sich meine Anhängerschaft proportional zu meiner Präsenz. Ähnlich wie bei einigen renommierten Kabarettisten und Satirikern in Deutschland, die gelegentlich mit polizeilicher Sicherung auftreten müssen, gestaltet sich die Bewältigung dieser Art von Tätigkeit keineswegs einfach. Es bedarf einer robusten psychischen Konstitution, Widerstandsfähigkeit, Beharrlichkeit und eines konstruktiven Mindsets.

Mit der Zeit erwuchs in mir eine Art zwiespältige Gefühlsregung in Bezug auf TikTok, insbesondere im Kontext der russischen Operation in der Ukraine. Unsere Verbindung manifestiert sich in einer ambivalenten Beziehung von Anziehung und Abstoßung, denn uns verbindet eine untrennbare Verflechtung, während wir gleichsam nicht aufeinander verzichten können.

"In kühner Entschlossenheit habe ich beschlossen, meine methodische Strategie unbeirrt fortzuführen, ungeachtet sogenannter Stitches, Duettes oder beleidigender Kommentare seitens meiner Gegner. Mein unnachgiebiges Bekenntnis zu meinen Überzeugungen und mein unwandelbarer Glaube an meine Mission verleihen mir die Unempfindlichkeit gegenüber anderen kritischen Meinungen und inhaltsleeren Anwürfen, es sei denn, sie sind durch sorgfältig begründete Beweise und nachweisbare Quellen gestützt.

Falls Sie mit meiner Persönlichkeit und meinem Wirken noch nicht hinreichend vertraut sein sollten, könnte der

Trugschluss entstehen, dass ich der Kritik gänzlich
abgeneigt sei. Dem sei jedoch entschieden
entgegenzuwirken. Ich stehe konstruktiver Kritik
aufgeschlossen gegenüber, sofern sie von produktivem
Charakter ist und nicht aus persönlichen Motiven
entspringt. Leider ist jedoch der Großteil der
vermeintlichen Kritik, dem ich ausgesetzt bin, von
beleidigenden Angriffen und selbstgerechtem Geschwätz
geprägt, das jeglicher substantiellen Basis entbehrt.

Als Individuum hege ich eine offene Einstellung
gegenüber Kritik, die zur Verbesserung und
Weiterentwicklung beiträgt. Ich bin bereit, neue und
gesunde Denkansätze zu akzeptieren und mein
Erkenntnisspektrum zu erweitern. Hierbei sei betont, dass
meine Metamorphose keineswegs dem Opportunismus
entspringt, sondern einer wohlüberlegten Evolution
geschuldet ist. Mag sich meine politische
Weltanschauung in gewissen Belangen wandeln, meine
sozialen Werte bleiben unverrückt. Die Grundprinzipien
und Wertvorstellungen, die mir mein Elternhaus
vermittelt hat, kann ich nicht willkürlich verwerfen, um
den Erwartungen anderer gerecht zu werden. Ferner sei
angemerkt, dass mir gleichgültig ist, wie ich als
öffentliche Persönlichkeit wahrgenommen werde - meine
Authentizität bleibt bestehen, insbesondere auch auf
TikTok."

"Ganz gleich, ob Sie als Agitator oder Anhänger agieren,
möchte ich Ihnen an dieser Stelle einen Ratschlag mit auf
den Weg geben. Ihre Avancen in der Öffentlichkeit
durchlaufen drei aufschlussreiche Etappen. Zunächst
ernten Ihre Bemühungen belustigendes Kopfnicken.

Anschließend verharren einige in Hass, indem sie
Drohungen aussprechen und Sie beleidigen, da sie
erahnen, dass Ihr Einfluss und Ihre Anhängerschaft stetig
wachsen und Sie vermehrt Aufmerksamkeit erlangen. In
der dritten Phase offenbart sich ein beflissenes Bemühen
- entweder manifestiert sich ein beharrlicher Gegensatz,
der Ihren Ruf unermüdlich schmäht, oder es regt sich der
Wunsch, Ihnen nacheifern und Sie zu ähnlichen Taten
anspornen!

Auch ich habe diese dreistufige Entwicklung bei TikTok
durchlaufen, wobei anzumerken ist, dass in der dritten
Phase keine Anzeichen auf ein Ende deuten, sondern
vielmehr eine anhaltende Gegenwart. Umfangreiche
Untersuchungen und Erfahrungen haben mich zu dieser
Erkenntnis geführt, die von zahlreichen Prominenten in
ähnlichem Maße bekräftigt wird. Erlauben Sie mir, Ihnen
einen Ausblick in die Zukunft zu gewähren, indem ich
die visionäre Glaskugel der Erkenntnis imaginär befrage.
In meinem geistigen Auge erblicke ich sie und bemühe
mich, einen Einblick in das Kommende zu erhaschen.
Diese faszinierende Kugel verheißt mir, dass auch das
Buch, welches ich in diesen Tagen verfasse, auf
erhebliche Kritik stoßen wird. In den Augen des
Westens, der oft als Antagonist der demokratischen
Freiheit betrachtet wird, und jener Menschen, die meine
geistigen Ergüsse gering schätzen, könnte es als einsames
Überschwängliches persönlichen Denkens und Handelns
erscheinen.

Denjenigen, die ihrer Missgunst und ihren Tadel äußern,
gewähre ich eine Woche nach dem Erscheinungsdatum,
um ihre Stimme zu erheben. Im Anschluss mögen Sie bei

den Buchhändlern verweilen und die Rezensionen studieren. Dort werden Sie neben vielen Anhängern zweifellos auch zahlreiche Skeptiker vernehmen.

Möglicherweise mögen Sie überrascht sein, dass ich mit solcher Entschlossenheit der Kritik anderer gegenüber immun erscheine. Doch die Antwort auf dieses Phänomen ist von schlichter Natur: Die Meinung anderer erachtet sich für mich als belanglos. Negative Kommentare vermögen mir keine Unannehmlichkeiten zu bereiten oder meinen Tag zu trüben. Stattdessen erfahren jene, die ihren Missmut und Hass äußern, selbst Schaden und Schmerz, da ihre Boshaftigkeit auf sie selbst zurückfällt, während sie verzweifelt nach Möglichkeiten suchen, mir zu schaden.

Einfaches Kommentieren meiner Videos genügt diesen Personen oft nicht. Sie begehren, dass andere sich ihnen anschließen und mir Schaden zufügen. Doch wenn sie erkennen, dass ihre Meinung belanglos ist und meine Gemeinschaft, meine treuen und loyalen Anhänger, diesen Kommentaren entgegentritt und ihre Auffassung zurückweist, steigert sich ihr Zorn ins Unermessliche.

Es ist durchaus möglich, dass in den Rezensionen negative Kommentare zu vernehmen sein werden. Doch auch dort werden meine Unterstützer aktiv sein. Ich möchte den negativ gesinnten Individuen einen Rat gewähren: Akzeptieren und respektieren Sie andere Auffassungen, denn dies ist ein fundamental wichtiger Aspekt der demokratischen Werte, für die Deutschland steht. Streben Sie danach, eine eigene Meinung zu formen und die Standpunkte anderer Menschen zu akzeptieren oder sie einfach zu ignorieren, sofern sie nicht mit Ihren eigenen übereinstimmen. Respekt und Akzeptanz erfahren in der heutigen Zeit eine zunehmende Marginalisierung, doch für mich sind sie von unerlässlicher Bedeutung, und ich verfolge sie unbeirrt.

Mir ist meine Verantwortung als Meinungsmacher durchaus bewusst. In der gegenwärtigen Zeit greifen Antagonisten vermehrt zur Propaganda, um Meinungen zu untergraben, haltlose Behauptungen zu verbreiten und Andersdenkende zum Schweigen zu bringen. Propaganda manifestiert sich allumfassend und eröffnet vielfältige Einsatzmöglichkeiten. Es obliegt dem Betrachter zu beurteilen, wer in welchem Umfang und an welchem Ort Propaganda betreibt.

Seit Beginn des Monats Februar 2022 hat Propaganda die Welt möglicherweise noch nie in einem solchen Ausmaß geprägt. Sämtliche Konfliktparteien und unabhängige Entitäten, die nicht unmittelbar in die kriegerischen Auseinandersetzungen in der Ukraine involviert sind, bedienen sich der machtvollen Waffe der Propaganda. Lassen Sie uns daher betrachten, in welchem Umfang Propaganda im Ukraine-Konflikt sich wechselseitig entfaltet.

KAPITEL 10 –
Schlussfolgerung & Ausblick

Die aktuelle politische Lage Deutschlands offenbart eine
zutiefst besorgniserregende Entwicklung, geprägt durch
die Emergenz rechtspopulistischer Strömungen sowie die
Anhäufung von Fehlern und Versäumnissen in der Innen-
und Außenpolitik. Die Konsequenzen dieser Entwicklung
zeigen sich in einem zunehmenden Niedergang der
etablierten Parteien, zu denen unter anderem die SPD,
CDU/CSU, Linke, Grüne und FDP gehören, und führen
zu einer verheerenden Fragmentierung der Gesellschaft.

Der sukzessive Aufstieg rechtspopulistischer
Bewegungen innerhalb Deutschlands hat in jüngerer
Vergangenheit zu einer beunruhigenden Transformation
des politischen Klimas geführt. Die einst tragenden
Säulen der deutschen Politik, die etablierten Parteien,
sahen sich unfähig, adäquate Reaktionen auf die Sorgen
und Ängste der Bevölkerung zu präsentieren. Statt
visionären Leitlinien und effektiven Lösungsansätzen
wurden sie von internen Konflikten beherrscht und
befanden sich oft in einer Starre politischer Lethargie.
Die Bevölkerung verlor zunehmend das Vertrauen in die
etablierten Parteien und entfremdete sich von diesen.
Unbewältigte soziale und wirtschaftliche

Herausforderungen, die Migrationspolitik sowie eine empfundene Entfremdung zwischen den politischen Entscheidungsträgern und den Bürgern veranlassten die Wählerschaft dazu, ihre Stimme aus Protest den Rechtspopulisten zuzuwenden.

Letztere verstanden es geschickt, die Unzufriedenheit und Unsicherheit der Bevölkerung auszunutzen, um sich als Anwälte des Volkes zu inszenieren und vermeintlich einfache, populistische Lösungen für komplexe Probleme zu offerieren.

Die Konsequenz war eine erhebliche Steigerung des rechtspopulistischen Einflusses in Deutschland, einhergehend mit einer bedenklichen Akzeptanz rechtsextremer Ideologien. Die politische Debatte wurde durch polarisierende und vielfach intolerante Standpunkte geprägt, was die soziale Kohäsion und den Diskurs nachhaltig beeinträchtigte. Die sich vertiefende Spaltung zwischen den politischen Lagern erschwerte eine konstruktive Politikgestaltung erheblich, da das Auffinden von Kompromissen und gemeinschaftlichen Lösungen nahezu illusorisch wurde.

Die Aussicht für die politische Zukunft Deutschlands ist somit von brennender Beunruhigung geprägt. Die etablierten Parteien sehen sich zwingend veranlasst, ihre Strategien dringend zu reevaluieren und den Fokus auf die brennenden Herausforderungen zu richten, statt sich in internen Machtkämpfen zu verlieren. Eine Reorientierung auf ihre ursprünglichen Werte und Ideale ist unabdingbar, ebenso wie eine Offenheit gegenüber frischen Impulsen und visionären Konzepten. Um den anwachsenden Einfluss der Rechtspopulisten einzudämmen und die gesellschaftliche Fragmentierung zu überwinden, bedarf es einer aktiv forcierten, klaren und engagierten Kommunikation mit der Bürgerschaft seitens der etablierten Parteien. Dies impliziert ein aufrichtiges Zuhören, eine ernsthafte Auseinandersetzung mit den Sorgen der Menschen sowie die kredible Präsentation fundierter Lösungsansätze. Gleichfalls gilt es, das zerrüttete Vertrauen in die politischen Institutionen wiederherzustellen und Transparenz und Rechenschaftspflicht zu stärken.

Neben der unumgänglichen Stärkung demokratischer Bildung und politischer Partizipation ist eine enge Kooperation und ein koordiniertes Vorgehen zwischen Politik, Zivilgesellschaft und Medien von immenser Relevanz. Eine aktiv eingebundene Bürgerschaft sowie eine unabhängige, ausgewogene Berichterstattung stellen grundlegende Pfeiler einer funktionierenden Demokratie dar. Die Ermunterung zu politischer Bildung und Medienkompetenz ist daher imperativ, um die Öffentlichkeit gegenüber den Manipulationen und Falschinformationen rechtspopulistischer Akteure zu sensibilisieren. In der finalen Betrachtung eröffnet sich Deutschland gegenwärtig eine zentrale Weichenstellung, die über seine politische Zukunft entscheidet. Die etablierten Parteien sehen sich einer dringlichen Notwendigkeit der Rekonzeption gegenüber, indem sie sich entschlossen den Bedürfnissen und Anliegen der Bevölkerung zuwenden, um das verloren gegangene Vertrauen zurückzugewinnen. Ein entschlossenes Agieren ist unabdingbar, um die gesellschaftliche Spaltung zu überwinden und extremistischen Tendenzen entgegenzutreten. Die kollektive Verantwortung aller politischen Akteure und der gesamten Gesellschaft ist gefordert, um gemeinsam eine gestärkte und demokratische Zukunft für Deutschland zu gestalten. Mittels einer umsichtig ausgerichteten, visionären und integrativen Politik kann Deutschland den aufkommenden Herausforderungen begegnen und seinen status quo als vorbildliches Modell für Demokratie und Kohäsion in Europa und weltweit bekräftigen.

Die politische Zukunft Deutschlands hängt nicht allein von den Responsen der etablierten Parteien ab, sondern ist gleichermaßen verknüpft mit der aktiven Beteiligung und dem Enthusiasmus der Bürgerinnen und Bürger. Hierbei kommt der Zivilgesellschaft eine entscheidende Rolle zu, indem sie die Demokratie stärkt und das gesellschaftliche Zusammenwirken fördert. Eine kompromisslose Umsetzung der Bürgerbeteiligung ist von maßgeblicher Bedeutung, sei es durch die aktive Teilnahme an Wahlprozessen, das Engagement in Bürgerinitiativen, die Mitarbeit in Vereinen oder die Ausführung von Debatten zu kontroversen Themen in der Öffentlichkeit. Eine vitale und vielseitige Demokratie fußt auf einer gebildeten und engagierten Bürgerschaft, die ihre Anliegen artikuliert und für ihre Überzeugungen einsteht. Indes soll die politische Bildung nicht ausschließlich innerhalb schulischer Institutionen stattfinden, sondern ist ebenso geboten in der Erwachsenenbildung, den Medien und in öffentlichen Diskursen. Bürgerinnen und Bürger müssen ermächtigt werden, komplexe politische Verflechtungen zu erfassen und fundierte Entscheidungen zu fällen. Hierdurch vermögen sie populistischen und extremistischen

Versuchungen standzuhalten und sich für eine demokratische, tolerante und weltoffene Gesellschaft zu engagieren.

Ein weiterer unerlässlicher Aspekt für die politische Zukunft Deutschlands ist die zielgerichtete Förderung des interkulturellen Dialogs und der Integration. Die Globalisierung und die damit einhergehende Migration haben Deutschland zu einer vielfältigen Gesellschaft geformt. Insofern ist es umso bedeutender, dass allen Menschen, unabhängig von ihrer Herkunft, Religion oder Kultur, gleiche Chancen und Teilhabemöglichkeiten offenstehen. Erfolgreiche Integration bedarf jedoch gemeinsamer Anstrengungen sowohl von Zugewanderten als auch von der aufnehmenden Gesellschaft.

Die Bekämpfung von Rechtsextremismus und Rassismus ist in gleichem Maße als zentrale Priorität zu behandeln. Hassverbrechen, Diskriminierung und Hetze dürfen in einer demokratischen Gesellschaft keinen Raum erhalten. Ein rigoroses Vorgehen gegen rechtsextreme Strukturen und eine entschlossene Aufklärungsarbeit sind unverzichtbar, um diese Bedrohung für die Demokratie wirksam zu eliminieren.

Hinsichtlich der Außenpolitik sollte Deutschland fortwährend als verantwortungsbewusster Akteur für Frieden, Menschenrechte und internationale Zusammenarbeit agieren. Die Förderung von Demokratie und Rechtsstaatlichkeit sowie der Kampf gegen globale Herausforderungen wie den Klimawandel sollten als höchste Priorität behandelt werden. Mittels einer konstruktiven Außenpolitik kann Deutschland nicht nur die eigene Sicherheit gewährleisten, sondern zugleich zur Stabilität und Prosperität der gesamten Weltgemeinschaft beitragen.

Die politische Zukunft Deutschlands ist zweifellos von enormen Herausforderungen geprägt, bietet indes auch die Möglichkeit für positive Veränderungen. Eine kritische Selbstreflexion seitens der etablierten Parteien, eine aktive Bürgerbeteiligung, die Förderung von politischer Bildung und Integration sowie eine verantwortungsbewusste Außenpolitik können dazu beitragen, die aktuellen Schwierigkeiten zu meistern und eine robuste, demokratische Zukunft für Deutschland zu formen.

Es ist an der Zeit, dass sämtliche politischen Akteure, die Zivilgesellschaft und die Bevölkerung kollektiv an einem Strang ziehen, um die demokratischen Werte zu verteidigen und eine Gesellschaft zu formen, in der Vielfalt als Bereicherung betrachtet wird und in der Solidarität und Zusammenhalt gelebt werden. Lediglich durch einen engagierten und gemeinschaftlichen Einsatz vermag Deutschland die politischen Herausforderungen der Zukunft zu meistern und seine Stellung als demokratischer Vorreiter in Europa und der Welt weiterhin zu stärken.

In der aktuellen Zeitlage obliegt es unausweichlich der Gesamtheit, die Säulen demokratischer Grundprinzipien zu schützen und effektiv zu fördern, um die Gesellschaft in ihrer Widerstandsfähigkeit gegen extremistische

Einflüsse zu kräftigen. Die Reanimierung eines fruchtbringenden Dialogs zwischen divergierenden politischen Strömungen steht hierbei im Zentrum, gepaart mit unerschütterlichem Respekt für pluralistische Meinungen und Überzeugungen. In dieser Form manifestiert sich eine politische Kultur, die auf der tragenden Basis von Toleranz, Offenheit und einem kollektiven Streben nach gemeinwohlorientierten Zielsetzungen fußt.

Darüber hinaus erwächst Deutschland in der globalisierten Weltordnung eine bedeutende internationale Verantwortung, deren aktive Wahrnehmung entscheidend zur Bewältigung globaler Herausforderungen, wie dem Klimawandel, der Reduzierung von Armut und Ungerechtigkeit sowie der Förderung von Menschenrechten, beiträgt. Der Aufbau einer kraftvollen deutschen Stimme innerhalb Europas und darüber hinaus vermag zudem maßgeblich dazu beizutragen, eine nachhaltige und gerechte internationale Ordnung zu konstituieren.

Resümierend aus den Tiefen der Ergründung von "Der Adler in mir" werden wir Zeuge einer aufschlussreichen Aneignung der politischen Zukunftsprognosen für Deutschland und einer kritischen Analyse der vielschichtigen Herausforderungen, denen die Gesellschaft gegenübersteht. Der Avancierung rechtspopulistischer Strömungen, der Erosion etablierter Parteien, der fortdauernden Spaltung der Gesellschaft und der rechtmäßigen Entfaltung extremistischer Ideen entwachsen alarmierende Entwicklungen, die dringend einer substanziellen Aufarbeitung bedürfen.

Das Buch legt hierbei den unmissverständlichen Fokus auf die unabweisbare Dringlichkeit einer allumfassenden Erneuerung der politischen Kultur in Deutschland. Die etablierten Parteien sind gehalten, die rezipierten Fehltritte zu adressieren, ihre Visionen zu schärfen und eine unmissverständliche Verknüpfung zum Bürgerkörper herzustellen. Zeitgleich obliegt es den Bürgerinnen und Bürgern ihre demokratischen Rechte und Pflichten eindringlich wahrzunehmen, aktiv Partizipation einzufordern und unermüdlich für ihre tiefverwurzelten Überzeugungen einzustehen.

"Der Adler in mir" ruft in uns die universelle Verantwortung auf den Plan, die politische Zukunft Deutschlands gemeinschaftlich zu formen. Eine pulsierende Demokratie impliziert eine entschiedene Affirmation der elementaren Grundprinzipien der Freiheit, Gleichheit und Solidarität. Ein respektvoller Diskurs gepaart mit einer genuinen Konfrontation der Herausforderungen zwingt die Gesellschaft dazu, zu einer kohärenten Einheit heranzuwachsen und eine starke, gefestigte demokratische Zukunft zu bekräftigen.

Abschließend sei betont: In Zeiten des meteologischen und geistigen Wandels obliegt es uns als Gesellschaft unweigerlich zusammenzuhalten und die Fundamente der demokratischen Grundsätze unbeirrt zu verteidigen. Die politische Zukunft Deutschlands ruht somit in unseren Händen, ein kollektives Engagement ist unabdingbar, um die Demokratie zu stärken, die Diversität zu respektieren und eine inklusive, integrative Gesellschaft zu kreieren.

Inspiriert von "Der Adler in mir" gebührt es uns, die
innewohnenden Herausforderungen anzunehmen, die
politische Kultur in Neuartigkeit zu revitalisieren und
einen kohäsiven demokratischen Verbund aufzubauen.
Es ist der Zeitpunkt gekommen, entschlossen nach vorne
zu schauen, aus der Historie zu lernen und eine
epochemachende Zukunft für uns alle zu manifestieren.
Möge dieses literarische Meisterwerk eine treibende
Quelle der Inspiration sein, den Adler in uns zu
entdecken und vereint zu neuen Sphären aufzusteigen –
im Dienste einer machtvollen, geeinten und demokratisch
gefestigten Gesellschaft.

www.ingramcontent.com/pod-product-compliance
Lightning Source LLC
Chambersburg PA
CBHW070940260726
48661CB00003B/1064